30語で中国語の語感を身につける!

脱・初級!

永倉百合子 著

白水社

装丁・本文デザイン　山本州・吉澤衣代（raregraph）

はじめに

　何でもきちんと勉強していくと、「わかった」という満足感が得られる一方、新たな難しさが見えてくるものです。中国語の場合も、発音を練習して単語を覚え、文法を一通り勉強すると、今度は別の難しさに気づきます。皆さんも、習ったルールだけでは理解できない文に出合って、「なぜこんな言い方をするんだろう」と思ったことはありませんか。それも当然で、中国語を理解するためには、文法だけではなく、一つひとつの語の意味と使い方をしっかり理解しなければならないのです。「一つひとつと言ったって、どこから手をつけたらいいのか」と思う人もいるでしょう。しかし難しいと感じるところや、つまずきがちな語というのは、多くの学習者にとって共通しているようです。

　この本では、そんな学習者がつまずきやすい30語を取り上げ、意味と使い方を整理しました。どの語も中国語を理解する上で欠かせないものばかりです。つまずきがちな語と言っても、石ころのように簡単に片づけられるものではありません。どの語も、根っこのように深く大きな意味の広がりを持っているからです。その根っこを掘り進むように、それぞれの語について理解を深めていってこそ、中国語らしい言い方や、中国語の発想が身につくことでしょう。この本が、皆さんの「中国語に本気で取り組んでみよう」と思うきっかけになれば、これに勝る喜びはありません。

　この本を書くにあたっては、鄭幸恵先生から数え切れないほど多くの貴重なアドバイスをいただきました。心より御礼申し上げます。

2012年9月　著者

目 次

はじめに …………………………………………………………… 3

第1章　じつは難しい基本の語 ………………… 7

1　是　英語のbe動詞とどう違う？ ……………… 8

2　有　そこにあるのは何なのか ………………… 16

3　在　存在するのはどこなのか ………………… 24

4　不　話し手の判断による否定 ………………… 30

コラム　中国語の文法はやさしい？ ……………………… 37

第2章　意外に多くの働きをもつ語 ……………… 39

5　好　「いい」もいろいろです ………………… 40

6　多　じつに多様な使い道 ……………………… 46

7　少　用途が少ないわけではない ……………… 52

8　给　物も動作も誰かのために ………………… 56

9　到　何かに手が届くイメージ ………………… 62

10　对　突き合わせてピタッと合う ……………… 66

11　和　多音字に惑わされてはだめ！ …………… 72

コラム　あいづちの話 ……………………………………… 77

第3章　文のニュアンスを整える語 …………… 79

12　都　例外なくすべてをカバーする ………………… 80

13　也　同調したり追加したり ………………………… 86

14　再　目の前にある物事のもっと先へ ……………… 92

15　又　すでにある物事を積み重ねる ………………… 98

16　还　さまざまなニュアンスをプラス ……………… 104

17　就　文をぎゅっと引きしめる ……………………… 110

18　才　あれこれ手間どり、やっとのことで… ……… 116

コラム　映画に見ることばの空気 ………………… 122

第4章　可能性や意志を表わす語 …………… 125

19　能　「できる」を表わす代表選手 ………………… 126

20　会　練習してこそ上手にできる …………………… 130

21　可以　許可や条件があってできる ………………… 134

22　要　きっぱりした意志を表わす …………………… 138

コラム　方言はおかしなことば？ ………………… 143

第5章　文のかたちを決める大事な語 ……………… 145

23 把　目的語をつかんで引っぱり出す？ ……………… 146

24 过　通過するのはどんなもの？ ……………… 152

25 着　ピタッとくっついて当分そのまま ……………… 158

26 了　文に決着をつける大事な役目 ……………… 164

27 得　何と読むかは役割しだい ……………… 172

コラム　長寿のことば ……………… 178

第6章　目立たぬところで働く語 ……………… 181

28 的　修飾語を作る小さなマーク ……………… 182

29 吧　やわらかく同意を求める ……………… 188

30 呢　語調をやわらげ相手に委ねる ……………… 192

コラム　文末で働く仲間たち ……………… 197

文法用語索引 ……………… 199

第1章

じつは難しい基本の語

この章で取り上げるのは、どれも中国語を始めてまもなくお目にかかる語ばかりです。"是"は「〜である」だな、"有"は「有る」という意味だろう、と簡単に片づけてしまいがちですが、学習が進んでくると「えっ、こんな使い方があるの？」「ここには使わないのか」と思うことが出てくるでしょう。どの語もまだまだ奥がありそうですし、どこまで勉強してもいつまでも出てくる語ばかりです。そんな知っているようで知らない基本の語を、一つひとつじっくり観察してみましょう。

1 是 ☺ 英語のbe動詞とどう違う?

这是什么？——这是书。
これは何ですか？——これは本です。

　実際の会話の中では、こんなやりとりはまずしませんね。しかし「AはBです」というのは最も基本的な文型なので、中国語を学びはじめると、私たちはまもなくこういう文を習います。英語の学びはじめに"This is a book."というあまり現実的でない文を習うのと同じです。"这是书。"と「これは本です」を見比べてみると、"是"は「です」に当たるということがわかります。しかしそう簡単に言えるのでしょうか。

▼ さまざまな [A 是 B]

　確かに [A 是 B] は「AはBです」と訳せますが、ざっと挙げただけでもさまざまな文が考えられるでしょう。

那是东京晴空塔。 Nà shì Dōngjīng Qíngkōngtǎ.
あれは東京スカイツリーです。

我是老东京。 Wǒ shì lǎo Dōngjīng.
私は生粋の東京人です。

珠穆朗玛峰是世界最高峰。 Zhūmùlǎngmǎfēng shì shìjiè zuì gāofēng.
チョモランマは世界の最高峰です。

我现在认真学习是为了将来找到很好的工作。
Wǒ xiànzài rènzhēn xuéxí shì wèile jiānglái zhǎodào hěn hǎo de gōngzuò.
私が今まじめに勉強しているのは、将来いい仕事を見つけるためです。

[A 是 B] の文では、このようにAにもBにも、語ばかりかフレー

ズ、短い文も使うことができ、またAとBの関係もさまざまです。

▼ 主語と述語を結びつける

［A 是 B］の文では"是"の前にあるAが主語ですが、中国語の「主語」とは何か、というのは難しい問題です。「主語」は動作をするものばかりではありません。「話題」、簡単に言うなら「これからそのことについて話しますよ」という物や事でもいいのです。そして"是"のうしろにあるBがAについて述べる「述語」です。つまり"是"は「主語」と「述語」を結びつける連結器のような働きをしている、と言えます。

次の2つの文を比べてみてください。

a) 珠穆朗玛峰是世界最高峰。
チョモランマは（どんな山かというと）世界の最高峰です。

b) 世界最高峰是珠穆朗玛峰。
世界の最高峰は（というと、それは）チョモランマです。

この二つはAとBが逆になっていますね。それによって若干意味は変わりますが、どちらも文は成り立ちます。しかし、次の文はAとBを入れかえることができません。

我是老东京。→ 老东京是我。（？）

「生粋の東京人」は世の中で「私」だけではありませんから、文として何かおかしい感じがします。しかし「皆さんの中で生粋の東京人は誰ですか」と聞かれたら、それに対する答えとしては、"**老东京是我。**（生粋の東京人は私です）"も使えます。

中国語のはじめの一歩と思える"是"の使い方も決してやさしくはないようです。

▼使いそうで使わない

日本語にすれば「AはBです」となる文でも、中国語では述語Bが時刻、年月日、年齢、値段などのときには、"是"を使わないのがふつうです。

今天五月十四号。 Jīntiān wǔyuè shísì hào.
今日は5月14日です。

她今年二十岁。 Tā jīnnián èrshí suì.
彼女は今年二十歳です。

这种香蕉八块一斤。 Zhè zhǒng xiāngjiāo bā kuài yì jīn.
このバナナは1斤8元です。

時刻や年月日は刻々と変わっていきます。"**今天五月十四号。**"も明日になれば"**今天五月十五号。**"です。年齢も同様で、まん中の文の彼女もいつまでも二十歳ではいられません。また物の値段というのも、売る側がとりあえず決めたにすぎず、特に中国では交渉次第で変わりうるものです。このようにBが変わりうるもののとき"**是**"を使わないのは、"**是**"には「これはこういうものなのだ」という話し手の判断や確認を表わす性質があるからです。つまり"**是**"は「変わりうるもの」とは相性がよくない、と言えるでしょう。しかしそういう文も否定文にするときには、"**今天不是五月十四号。**"と"**是**"を「復活」させます。否定の副詞"**不**"が単独では使えないからです。

また、会話の中では、よくこんな言い方を耳にします。

你哪儿的人？——我北京人。
あなたはどこの人？——北京人だよ。

出身地やどこの人間か、ということは、年月日や年齢のような「変わりうるもの」ではないのですが、"**我是北京人。（私は北京人です）**"と言うところを、口語では"**是**"を省いて"**我北京人。**"と言うこ

とがあります。こうすると、「自分は北京人なのだ」という意識は薄まり、「生まれは北京だよ」というような軽い口調になります。たまたま北京で生まれたから北京人になったまでのこと、という感じです。しかし、話し手が「自分は北京人だ」ということを意識し、そのことにある意味を感じているなら、"是"はやはり省略しないほうがいいのです。

我是北京人，所以对老舍的小说有特别的感情。
Wǒ shì Běijīngrén, suǒyǐ duì Lǎoshě de xiǎoshuō yǒu tèbié de gǎnqíng.
私は北京人なので、老舎の小説に特別な親しみを感じます。

"是"のあるなしで話し手の気持ちも違うのです。

「こうなのだ」と事実を確認

中国語の形容詞述語文ではふつう"是"は使いません。"**伦敦很远。**(ロンドンは遠い)" "**麻婆豆腐非常辣。**(マーボー豆腐は非常に辛い)" のように、主語のあとに直接形容詞（句）が来るのです。中国語の"是"は、この点でも英語のbe動詞と異なっています。「中国は大きいです」という日本語を中国語にする問題を出すと"**中国是很大。**"と書く人がいますが、これも"是"がbe動詞に似ているという印象が強いためでしょう。くり返しになりますが、形容詞述語文にはふつう"是"は使いません。とは言うものの、これも絶対そうだとは言い切れないのです。述語に当たるところで述べられていることを「本当にこうなのだ」と強調したいときには、形容詞述語文でも"是"を使うことがあるからです。

她的工作态度是非常认真，大家都知道。
Tā de gōngzuò tàidù shì fēicháng rènzhēn, dàjiā dōu zhīdao.
彼女の仕事に対する態度は (たしかに) 非常にまじめで、(そのことは) みんな知っています。

她买的这件花衬衫是真好看。 Tā mǎi de zhè jiàn huā chènshān shì zhēn hǎokàn.
彼女の買った柄物のシャツはとてもきれいですね。

じつは時刻、月日、年齢、値段を言うような文も、事実をしっかり確認したいような場合、特に「～ではなくて、…なのだ」と否定・肯定を重ねて言うようなときは、肯定文にも"是"を使います。

今天不是五月十三号，是五月十四号。
Jīntiān bú shì wǔyuè shísān hào, shì wǔyuè shísì hào.
今日は5月13日ではなくて、5月14日です。

她不是十九岁，是二十岁。 Tā bú shì shíjiǔ suì, shì èrshí suì.
彼女は19歳ではなく、20歳です。

"是"はまた文の頭に来ることもあります。

是老刘借给我钱从苦难中解救了我。
Shì Lǎo Liú jiègěi wǒ qián cóng kǔnàn zhōng jiějiùle wǒ.
劉さんがお金を貸してくれて、私を苦境から救ってくれたのです。

是王教授发现了他的才能。 Shì Wáng jiàoshòu fāxiànle tā de cáinéng.
王教授が彼の才能を発見したのです。

このような文は"是"がなければ、ただの「誰（何）がどうした／誰（何）がどんなだ」という文ですが、"是"によって、そのうしろにある事実全体が強調され「事実はこういうことなのだ」という文になっています。

つまりこれらの文は"是"がなくても成り立ちます。「なくてもいいのにある」ということは、それだけこの"是"の「存在の意味」があるということです。

≡ 大切なことは"是"と"的"の間に

さらに、"是"を使った表現の中でもしっかり理解しておきたい

のが［…是～的］の文です。この構文は、もうすでに終わったこと、行なわれたことを述べる文です。大切なのはその動作や行為が「いつ」「どこで」「どうやって」「何のために」行なわれたのか、という具体的な点で、その大切な点を"是"と"的"ではさみこみ際立たせているのです。そこにスポットライトが当たっているようなものです。

他是一九六二年生的。Tā shì yījiǔliù'èr nián shēng de.
彼は1962年に生まれました。〔いつ―時〕

她是在印度学瑜伽的。Tā shì zài Yìndù xué yújiā de.
彼女はインドでヨガを学んだのです。〔どこで―場所〕

这个蛋糕是用玉米做的。Zhège dàngāo shì yòng yùmǐ zuò de.
このケーキはトウモロコシで作ったのです。〔何で―材料〕

他是骑摩托车来的。Tā shì qí mótuōchē lái de.
彼はバイクで来たのです。〔どうやって―方法〕

［…是～的］の否定文は"**他不是一九六二年生的。**（彼は1962年に生まれたのではありません）""**他不是骑摩托车来的。**（彼はバイクで来たのではありません）"のように［…不是～的］になります。［…是～的］の文の"是"は肯定文では省略されることもありますから、文末によく訳のわからない"的"がついている、そんなときには［…是～的］かもしれないな、と疑ってみるといいでしょう。

▼ まだまだある使い道

"**学校前边是一家商店。**"この文は「学校の前は商店です」と訳せますが、「学校の前に商店があります」という意味にもとれます。ふつう「どこに何がある」と言いたいときには、"**有**"を使って［場所＋"**有**"＋物］としますが、この"**有**"のかわりに"**是**"を使った言い方もあります。次の2つの文を見てください。

衣柜里有很多新衣服。 Yīguì li yǒu hěn duō xīn yīfu.
タンスの中にはたくさんの新しい服があります。

衣柜里全是新衣服。 Yīguì li quán shì xīn yīfu.
タンスの中はすべて新しい服です。

上の"**有**"を使った文は「どこに何がある」と、言わば淡々と事実を述べています。これに対して、"**是**"を使って [A 是 B] の文にすると B 以外のものは排除され、「B だけだ、B ばかりだ」という軽い驚きも感じられます。それは [A 是 B] に「A は B だ」というきっぱりした言いきりの雰囲気があるからです。時には「すべて」と強調する副詞"**都**"を前に置き、"**满身都是汗。**(体中あせだらけだ)""**全山都是树木。**(山全体が樹木だ)"のような文にもなります。

また、"**是**"の前とうしろに同じ語句を置く [A 是 A，〜] もよく使われる表現です。「A であることは A なのだが」と一応その事実を認めた上で、あとに続けます。

外语，不喜欢是不喜欢，但是为了工作也要学习。
Wàiyǔ, bù xǐhuan shì bù xǐhuan, dànshì wèile gōngzuò yě yào xuéxí.
外国語は嫌いなことは嫌いだが、仕事のために勉強しなければならない。

便宜是便宜，可是质量并不好。
Piányi shì piányi, kěshì zhìliàng bìng bù hǎo.
安いことは安いけれど、質が決してよくない。

一方で [A 是 B] と言いきる文は、簡潔でわかりやすく、しかも強い印象を残すので、ことわざや標語によく使われます。次のようなものをどこかで見たことはありませんか。

时间就是金钱。 Shíjiān jiù shì jīnqián.
時は金なり

孩子是祖国的未来。 Háizi shì zǔguó de wèilái.
子供は祖国の未来

第1章　じつは難しい基本の語

人是衣裳，马是鞍。 Rén shì yīshang, mǎ shì ān.
人は衣裳、馬は鞍で立派に見える（馬子にも衣裳）

さらに前後の話から考えて何のことを言っているのかわかる場合、ことばを大幅に省略して［A 是 B］と言うことがあります。

我们开始打扫吧，我们是楼上，你们是楼下，好吗?
Wǒmen kāishǐ dǎsǎo ba, wǒmen shì lóushàng, nǐmen shì lóuxià, hǎo ma ?
掃除を始めよう、僕たちが上、君たちが下、それでいい？

暑假我们去旅游，一班是西藏，二班是内蒙古。
Shǔjià wǒmen qù lǚyóu, yībān shì Xīzàng, èrbān shì Nèiménggǔ.
夏休みに私たちは旅行に行きます。一班はチベット、二班は内モンゴルです。

上の文の"**楼上／楼下**"は掃除を分担する場所、下の文の"**西藏／内蒙古**"は旅行の行き先です。この言い方は日本人がお蕎麦屋さんで「私はタヌキ、あなたはキツネ？」と言うのと似ていますね。

"**是**"は中国語の中でも最も基本的な語の一つです。たくさんの用法がありますが、大切なのはその語の芯になっている性質と働きをしっかりと理解することでしょう。"**是**"の場合、中心にあるのは「これはこういうもの（こと）だ」という認識、確認を表わす性質で、ベースにあるのは常にこの働きだと言えます。どの語にも言えることですが、省略できる場合、なくてもいいのにわざわざつける場合、それぞれどんな意味があるのか考えてみると、その語の働きが浮かび上がってくるはずです。

2 有 　そこにあるのは何なのか

　ドアにかけてある標示でよく見かける［使用中］［あき］は、中国語にすると［**有人**］［**无人**］になります。トイレなどで使われている標示ですから、中国へ行くときにはぜひ覚えておきたいものです。日本人なら「有人」「無人」という字を見ると、「有人飛行」「無人島」などの単語を思い浮かべるでしょう。音読みの単語は何か硬い感じがしますよね。しかし中国語では"**有人**"は「人がいる」こと、"**无人**"は「人がいない」ことを表わします。ここからわかるように"**有**"が表わすのは"**无**（存在していない、ない）"の反対、つまり「存在している、ある」ということです。

ちょっと変わった動詞

　"**有**"は動詞と言っても、"**走**（歩く）""**吃**（食べる）""**打**（打つ）"などのような動作や行為を表わす動詞ではなく、状態を表わす動詞です。そして"**有**"のうしろに来る目的語は動作の対象ではなく、持っているものや存在しているものになります。

我有钱。 Wǒ yǒu qián.
　私はお金を持っています。

我家有一只狗。 Wǒ jiā yǒu yì zhī gǒu.
　私の家には犬が1匹います。

　"**有**"のうしろには"**过**"や"**了**"をつけることもできます。動作や状態の継続を表わす"**着**"もつけることができますが、"**有着**"は硬い内容の文に使われ、「私はその本を持っています」というような日常的なことを述べる文には使われません。

第1章　じつは難しい基本の語

2
有

我也曾经有过那样的理想。 Wǒ yě céngjīng yǒuguo nàyàng de lǐxiǎng.
私もかつてそんな夢を持ったことがある。

我们的意识有了明显的变化。 Wǒmen de yìshí yǒule míngxiǎn de biànhuà.
彼らの意識には明らかな変化が生まれた。

中日两国之间自古以来一直有着友好关系。
ZhōngRì liǎngguó zhījiān zìgǔ yǐlái yìzhí yǒuzhe yǒuhǎo guānxi.
日中両国の間には遠い昔から一貫して友好関係がある。

　"**有**"が一般の動詞と違うのは、否定形にするとき、"**不**"ではなく"**没**"を使うことです。"**我有钱。**"の否定文は"**我没有钱。**（私はお金を持っていません）"となりますね。私も教室でよく注意しますが、それでも"**不有**"と書く人がいます。"**没有**"の"**有**"は省くことができるので"**我没钱。**"でもかまいません。

　動詞を２つ並べた重ね型にすると「ちょっとする／ちょっとしてみる」という意味を表わすことができますが、"**有**"は"**有有**"のような重ね型ができません。意味を考えるとわかるように、感情を表わす"**爱**（愛する）""**恨**（恨む）"、存在を表わす"**在**（存在する）"、「〜である」の"**是**"などは、「ちょっと〜する／ちょっと〜してみる」ことはありえないからです。「ちょっと所有する」もおかしいですね。

　また"**有**"の前には"**很**""**最**"のような程度副詞をつけることができます。"**很**"や"**最**"というと形容詞の前につけるイメージがありますが、動詞でも"**特别喜欢**（特に好きだ）""**非常了解**（非常によく理解する）""**最愿意**（最も望む）"のように、感情、評価、状態などを表わすものに限って使えます。"**有**"もその一つです。

他作为传统戏的接班人很有希望。
Tā zuòwéi chuántǒngxì de jiēbānrén hěn yǒu xīwàng.
彼は伝統劇の後継者として、とても将来性がある。

那个运动员最有获得冠军的可能性。
　　Nàge yùndòngyuán zuì yǒu huòdé guànjūn de kěnéngxìng.
　　あの選手は優勝する可能性が最も高い。

　形容詞の前につけた"很"は強く読まない限り特に意味はありません。しかし"有"の前の"很"は本来なくてもいいものをわざわざつけたわけですから、はっきりした強調の意味を表わしているのです。

▼「持っている」を表わす

　"有"は「あるものを持っている、所有している」という意味の文を作ります。主語は「人」であることが多く、全体では「誰々が何々を持っている」となりますが、"**美丽的玫瑰花都有刺。**(きれいなバラにはトゲがある)""**我家的狗有一个奇怪的习惯。**(私の家の犬には奇妙な習慣がある)"のような擬人化した文では、人ばかりでなく物も主語になります。

　「あるものを持っている」の「あるもの」がこの文の目的語ですが、実際にはどんなものが"有"の目的語になるのでしょうか。

我有一本中文版的《樱桃小丸子》。
　　Wǒ yǒu yì běn Zhōngwénbǎn de《Yīngtáo xiǎowánzǐ》.
　　私は中国語版の「ちびまる子ちゃん」を持っています。

我有两个姐姐和一个弟弟。 Wǒ yǒu liǎng ge jiějie hé yí ge dìdi.
　　私には２人の姉と１人の弟がいます。

我今天下午有时间。 Wǒ jīntiān xiàwǔ yǒu shíjiān.
　　私は今日の午後時間があります。

我有一个酝酿好多年的计划。 Wǒ yǒu yí ge yùnniàng hǎo duō nián de jìhuà.
　　私には長いことあたためてきた計画があります。

　"有"の目的語には具体的な物、家族のような構成メンバーもあれ

ば、"**时间**（時間）""**计划**（計画）"のような抽象的なものもあります。しかしいずれにしても所有したり存在したりしているものなのです。

　また、["**有**"＋抽象名詞] には、"**有事**（用事がある）""**有兴趣**（興味がある）""**有意思**（おもしろい）""**有数**（承知している）"のように、辞書によっては一つのまとまった語として扱われ、日常会話でもよく使われるものがたくさんあります。これらの語の否定形も"**没有～**"ですが、"**有**"はよく省かれ、中には"**没事**（用事がない、なんでもない）""**没意思**（おもしろくない）""**没问题**（問題ない、大丈夫）""**没办法**（方法がない、どうしようもない）"と否定形のほうがよく使われるものもあります。

这部电影完全没意思。Zhè bù diànyǐng wánquán méi yìsi.
　この映画はまったくおもしろくない。

他是什么样的人，我心里有数。Tā shì shénmeyàng de rén, wǒ xīnli yǒushù.
　彼がどういう人間か、私は承知している。

没有电，没有水，真没办法。Méi yǒu diàn, méi yǒu shuǐ, zhēn méi bànfǎ.
　電気もないし、水もない、本当にどうしようもない。

「あっあそこに犬がいる！」

どこかに何かがある、ということを表わすには

　（ 場所 ）＋"**有**"＋（物・人）
　（物・人）＋"**在**"＋（ 場所 ）

の2つの文型があります。"**在**"の文については"**在**"の項でお話しすることにして、ここでは"**有**"を使った存在の表現について考えてみましょう。[場所＋"**有**"＋物・人] の特徴は、この [物・人] がここではじめて現われたこと、言い方を変えると、話し手がこの [物・人] の存在にはじめて気づいたことを表わす文だ、ということです。

口袋里有钱。Kǒudài li yǒu qián.
ポケットの中にお金がある。

那里有一条很大的狼狗。Nàli yǒu yì tiáo hěn dà de lánggǒu.
あそこに大きなシェパードがいる。

何気なくポケットに手を入れると、お札が入っていたというのは嬉しいものです。入ろうとした家の庭先に大きな犬がいたら、泥棒はきっとどきっとするでしょう。こんなとき使うのが"**有**"を使った文です。つまり"**有**"を使った存在の文は「あっ、あんな（こんな）ものがある！」という発見を表わす文なのです。この文ではじめに来るのは場所詞です。もし普通名詞なら"**里（边）**""**上（边）**"などをつけて場所を表わす語にしなければなりません。

冰箱里有冰镇的啤酒。Bīngxiāng li yǒu bīngzhèn de píjiǔ.
冷蔵庫（の中）にはよく冷えたビールがあります。

山上有很多松树。Shān shang yǒu hěn duō sōngshù.
山にはたくさんの松の木があります。

▤ 兼語文や連動文にも

"**有**"は兼語文や連動文にもよく登場し、兼語文では一つめの動詞として使われます。

中国宋代有个著名的诗人叫苏东坡。
Zhōngguó Sòngdài yǒu ge zhùmíng de shīrén jiào Sū Dōngpō.
中国の宋代に蘇東坡という有名な詩人がいました。

前面有几个人突然站起来了。Qiánmian yǒu jǐ ge rén tūrán zhànqǐlai le.
前の方で何人かが急に立ちあがった。

我有一个朋友会说广东话。
Wǒ yǒu yí ge péngyou huì shuō Guǎngdōnghuà.
私には広東語を話せる友だちが一人います。

3つめの文のような日本語を中国語に訳そうとすると、"**我有一个会说广东话的朋友。**"としがちです。しかしこれでは中国語らしい文とは言えません。中国語ならまず"**有**"を使ってその目的語として人や物を登場させ、それからその目的語を主語として述べていく兼語文にするほうが自然です。

> **有人不喜欢他的做法。** Yǒu rén bù xǐhuan tā de zuòfǎ.
> ある人は彼のやり方が好きではありません。／彼のやり方が好きでない人もいます。
>
> **有人还没报名参加比赛。** Yǒu rén hái méi bàomíng cānjiā bǐsài.
> ある人はまだ試合参加の申し込みをしていない。

この2つの文もやはり"**有**"でまず「こういう人・物が存在する」と人や物を登場させていますから、兼語文の延長と考えることができるでしょう。このような文は単文で使われることもありますが、「こっちはこうで、あっちはああだ」とコントラストを表わす形でもよく使われます。

> **有人喜欢巴赫，有人喜欢贝多芬。**
> Yǒu rén xǐhuān Bāhè, yǒu rén xǐhuān Bèiduōfēn.
> バッハが好きな人もいれば、ベートーベンが好きな人もいる。

"**有**"のあとに"**的**"をつけることもできますが、"**有的**"となると、これはもう完全に「ある〜」という意味の、名詞を修飾する語だと言えます。

この兼語文と並ぶ中国語らしい構文に、連動文があります。連動文というと"**我去新宿看电影。**（私は新宿へ行って映画を見ます／私は映画を見に新宿へ行きます）"のような、一つの主語に複数の動詞句が、動作を行なう順に並ぶ文が思い浮かぶでしょう。連動文にはもう一つ"**有**"を使い、その目的語をうしろから修飾するタイプのものがあります。

你有时间跟我预先商谈吗？ Nǐ yǒu shíjiān gēn wǒ yùxiān shāngtán ma?
あなたは私と打ち合わせをする時間がありますか。

他有时间玩儿，没有时间学习。 Tā yǒu shíjiān wánr, méi yǒu shíjiān xuéxí.
彼は遊ぶ時間はあるが、勉強する時間はない。

「何か食べる物がありますか」と言いたいとき、"**有没有吃的东西？**"ではなく"**有没有东西吃？**"という文が出てくるようなら、なかなかの中国語の使い手と言えるでしょう。

兼語文や連動文で"**有**"がよく使われるのは、"**有**"によって「何があるか」を先に述べ、聞き手の注意を引くことができるからです。"**有**"はその「何か」を登場させる働きをすると言えるでしょう。

▼ 長さ・重さ・高さが「ある」

長さ、重さ、高さなどを言うのに、日本語では「（これくらい）ある」と言いますが、中国語でも"**有**"を使います。

从这里到县城有五公里。 Cóng zhèli dào xiànchéng yǒu wǔ gōnglǐ.
ここから町まで5キロあります。

我个子有一米七。 Wǒ gèzi yǒu yì mǐ qī.
私は背が1メートル70センチあります。

长江有6300公里长。 Chángjiāng yǒu liù qiān sān bǎi gōnglǐ cháng.
長江は6300kmの長さがあります。

他有五十多岁。 Tā yǒu wǔshí duō suì.
彼は50歳あまりになります。

"**有6300公里长**"のように["**有**"＋数詞]のあとにさらに形容詞をつけることもできます。

「それだけの数や量がある」という意味から、"**有**"は「そこまで達している」ということをも表わしますが、「達している」のは数量ばかりではありません。"**有**"のあとに基準とする人や物が来て、

[A 有 B～（A は B ほど～だ）] という文も作れます。

我儿子已经有我这么高了。 Wǒ érzi yǐjīng yǒu wǒ zhème gāo le.
私の息子はもう私と同じくらい背が高くなった。

鱼翅有燕窝那么贵。 Yúchì yǒu yànwō nàme guì.
フカヒレはツバメの巣ぐらい値段が高い。

このような文は同等を表わす表現ですが、実際には [A 没有 B～（A は B ほど～ではない）] の否定文のほうが多く使われます。

轮船没有飞机快。 Lúnchuán méi yǒu fēijī kuài.
船は飛行機ほどはやくない。

弟弟没有哥哥那么聪明。 Dìdi méi yǒu gēge nàme cōngmíng.
弟は兄ほどかしこくない。

我的电脑没有你的新。 Wǒ de diànnǎo méi yǒu nǐ de xīn.
私のパソコンはあなたのほど新しくない。

"有"は文字通り「何かがある」ことを表わす語です。しかし「ある」という意味にとどまらず、「こんなものがある」と人や物を登場させたり、「ここまで達している」ということを表わしたりする働きがあり、そこからさまざまな使い方が出てくるのです。

3

在   存在するのはどこなのか

「我思う、故に我あり」このデカルトのことばを中国語にすると、"**我思，故我在**"となります。その深い意味はともかく、訳すのなら「私は考える、それゆえ『私』というものが存在する」ということです。このように"**在**"は「（何かが）存在する」ことを表わしますから、"**不在了**"と言うと「存在しなくなった」、つまり人が亡くなったことになります。

人を訪ねていってドアをノックするときなどには、よく次のようなやりとりをします。

小王在吗？ Xiǎo Wáng zài ma ? ——**在，等一下。** Zài, děng yíxià.
王さん、いますか。——いますよ、ちょっと待ってください。

王さんがいなければ "**不在，他刚刚出去。**（いません、彼は今さっき出かけました）" などの返事が返ってくるでしょう。「王さんは家にいますか」なら "**小王在家吗？**" です。中国語では行く先や居所などの場所を表わす語は目的語の扱いになりますから、"**在**"のあとに直接「存在する場所」を置くことができます。

李老师在电脑房里。 Lǐ lǎoshī zài diànnǎofáng li.
李先生はコンピュータールームにいます。

他哥哥在加拿大。 Tā gēge zài Jiānádà.
彼のお兄さんはカナダにいます。

存在を表わす

"**在**"は「何かがどこかに存在する」ことを表わす文を作ります。上に出てきたのも存在の文です。"**有**"の項でお話ししたように、"**有**"も存在を表わしますが、日本語では「ある」を「有る」とも「在る」

とも書くため、"有"と"在"を混同する人が少なくありません。

　（物・人）＋"在"＋（　場所　）
　（　場所　）＋"有"＋（物・人）

この2つの文型は［物・人］と［場所］が入れかわっただけのようですが、違いはそれだけではありません。"有"を使った文の［物・人］がここではじめて現われるものであるのに対して、"在"を使った文の［物・人］は話し手、聞き手の間で、何（誰）のことを言っているのかわかっているものです。ですから、

　× **一个学生在教室里。** 一人の学生が教室の中にいます。
　× **一只狗在院子里。** 　1匹の犬が庭にいます。

のような文はできません。しかし、わかっているものを主語とすれば、次のような文ができます。

我们班的学生都在教室里。 Wǒmen bān de xuésheng dōu zài jiàoshì li.
　私たちのクラスの学生はみんな教室にいます。

他的那只狗在院子里。 Tā de nà zhī gǒu zài yuànzi li.
　彼のあの犬は庭にいます。

　同じ「ここにお金がある」ということでも"这儿有钱（ここにお金がある）"と言えば、そのお金の存在に今はじめて気づいたのであり、"钱在这儿（お金はここにある）"なら、そのお金のことを話し手も聞き手も知っているのです。ですから、お母さんからお小遣いをもらい、「今あげたお金はちゃんとしまったの」と言われたときの答えは"这儿有钱"ではなく"钱在这儿（（その）お金ならここにあるよ）"です。"这儿有钱"と言ったら、また新たにお金を見つけたことになります。

≡「どこで」「どこに」

存在の文を作る動詞"在"は、前置詞にもなり目的語を伴って、「どこで」と場所を表わす前置詞句を作ります。

中日学术讨论会在三月十五日举行。
ZhōngRì xuéshù tǎolùnhuì zài sānyuè shíwǔrì jǔxíng.
日中学術討論会は3月15日に開催されます。

一个孩子在黑板上写了自己的名字。
Yí ge háizi zài hēibǎn shang xiěle zìjǐ de míngzi.
一人の子供が黒板に自分の名前を書きました。

他在理论物理学的领域取得了重大成绩。
Tā zài lǐlùn wùlǐxué de lǐngyù qǔdéle zhòngdà chéngjì.
彼は理論物理学の方面で大きな業績を上げました。

在老师们，同学们的帮助下，他终于改变了他的生活态度。
Zài lǎoshīmen, tóngxuémen de bāngzhù xià, tā zhōngyú gǎibiànle tā de shēnghuó tàidù.
先生方、クラスメートの助けのもとで彼はついに生活態度を改善した。

上の文の前置詞句は、それぞれ動作の行なわれる時間、場所、領域や分野、条件などを表わしています。2つめの文のように場所を表わす場合、"在"のあとの名詞は"黑板上"のように"上""下""里"などをつけ、場所を表わす語にしておかなければなりません。また領域、分野、条件などを表わす前置詞句では、よく"在～上（～においては）""在～中（～の中で）""在～下（～のもとで）"のような形が使われます。ですから"在"があったら、その先を見て"上""下""中""里"などを探してみてください。

前置詞句はふつうその名の通り動詞（句）や形容詞（句）の前に置きますが、"**生在一九六二年**（1962年に生まれる）"のように"**在**"を使った前置詞句を動詞のうしろに置くものや、次のように前に置いてもうしろに置いてもいいものもあります。いずれにせよ、そうできる動詞は限られた少数のものです。

他在东京出生的。／他出生在东京。
Tā zài Dōngjīng chūshēng de. / Tā chūshēng zài Dōngjīng.
彼は東京で生まれたのです。

那个案件在校园里发生的。／那个案件发生在校园里。
Nàge ànjiàn zài xiàoyuán li fāshēng de. / Nàge ànjiàn fāshēng zài xiàoyuán li.
その事件はキャンパスの中で起こった。

▼ "在"のうしろは落ち着く場所

さらに"在"は結果補語にもなり、動作によってある場所に落ち着いたり、動作の結果がある場所に残ったりすることを表わします。このような"在"のあとには必ず「落ち着く場所」を表わす語が必要です。

一辆车突然停在医院门口。 Yí liàng chē tūrán tíngzài yīyuàn ménkǒu.
1台の車が急に病院の入り口に停まった。

请把你的姓名，地址，电话号码写在这里。
Qǐng bǎ nǐ de xìngmíng, dìzhǐ, diànhuà hàomǎ xiězài zhèli.
あなたの氏名、住所、電話番号をここに書いてください。

他躺在床上睡着了。 Tā tǎngzài chuáng shang shuìzháo le.
彼はベッドに横になると寝入ってしまった。

結果補語"在"と相性がいいのは、上の文からもわかるように"站（立つ）""坐（座る）""停（とまる）""定（定まる）""躺（横になる）"のような「どこかにとどまる、落ち着く」ことを表わす動詞や"写（書く）""抄（写す）""挂（かける）""贴（貼る）""放（置く）"のような結果が残る動作を表わす動詞です。じつは"他出生在东京。""那个案件发生在校园里。"の"在"も、結果補語とも考えられます。動作の結果、物は残りませんが、「そこで生まれた」「そこで起こった」という変えられない事実が残るからです。また"把"を使った「何を、どこに、どうする」という文に結果補語"在"がよく使われる

のも、動作の結果が落ち着く場所を表わすことができるからですね。

ではここで、下の2つの文を比べてみてください。上の文の"在"は前置詞で、動作を行なう場所を表わす前置詞句を作っています。ですから「ここで書く」となります。下の文の"写"のあとについた"在"は結果補語で動作"写"の結果が"这里"に残ることを表わしますから「ここに書く」となります。

在这里写吧。 Zài zhèli xiě ba.
ここで書いてくださいね。

写在这里吧。 Xiězài zhèli ba.
ここに書いてくださいね。

上の文の"这里"は"桌子（机）""柜台（カウンター）"などの書く場所、下の文の"这里"は"文件（書類）"などの書き込む箇所を思い浮かべてください。このように、そっくりな文でも言いたいことが異なりますから、語や語句が文の中でどんな働きをしているのか、しっかり見極めることが大事です。

動作の進行を表わす

"在"は動詞、前置詞、結果補語とさまざまな顔を持っていますが、もう一つ、動詞の前について動作が進行中であることを表わす副詞の"在"があります。

她在看电视新闻节目。 Tā zài kàn diànshì xīnwén jiémù.
彼女はテレビのニュースを見ているところです。

他们在准备期末考试呢。 Tāmen zài zhǔnbèi qīmò kǎoshì ne.
彼らは期末試験の準備をしているところです。

他们正在讨论今后的对策。 Tāmen zhèngzài tǎolùn jīnhòu de duìcè.
彼らは今ちょうど今後の対策を討論しているところです。

進行を表わす"在"の文では、よく文末に語気助詞の"呢"をつけ

ます。また「まさに今、進行中だ」ということを強調したいときは、["正在" ＋動詞] の形にすることもありますが、"正" が強調したいのは「まさに今このときに」ということで、動作が進行中であることを表わすのは、やはり"在"の役目と言えるでしょう。ただ、"在"が表わす「進行中」というのは、時制とは無関係です。ですから過去のことにも、未来のことにも、使うことができます。

昨天我去他家的时候，他正在吃晚饭。
Zuótiān wǒ qù tā jiā de shíhou, tā zhèngzài chī wǎnfàn.
昨日私が彼の家に行ったとき、彼はちょうど晩ごはんを食べているところでした。

明天我去他家的时候，他可能在学习英语。
Míngtiān wǒ qù tā jiā de shíhou, tā kěnéng zài xuéxí Yīngyǔ.
明日私が彼の家に行ったときには、彼はおそらく英語を勉強しているでしょう。

さまざまな"在"を見てきましたが、やはり"在"の原点は「存在している」ということです。場所や時を表わす「〜で」「〜に」も、動作の進行を表わす「〜しているところだ」も、そのとき、その場所に人や動作が存在していることを表わしていると言えますね。

4

不 ☹ 話し手の判断による否定

中国語を習ったことのない人でも、"**不**" という字を見れば、なんとなく「～ではない」という意味だなとわかるでしょう。確かに "**不**" は否定を表わすことばです。しかしその置き場所や働きをよく見てみると、「～ではない」という意味だと簡単には言えないものがあるようです。

≡ 否定の副詞

"**不**" は副詞ですから動詞、形容詞、助動詞の前に置かれますが、"**一定**（たしかに、きっと）" "**仅仅**（ただ、わずかに）" など限られた副詞の前に置くこともできます。

那位老师并不严格。 Nà wèi lǎoshī bìng bù yángé.
あの先生は決してきびしくありません。

他们不参加明天的讲演比赛。 Tāmen bù cānjiā míngtiān de jiǎngyǎn bǐsài.
彼らは明日のスピーチコンテストに参加しません。

我不会说俄语。 Wǒ bú huì shuō Éyǔ.
私はロシア語が話せません。

他不一定对你有好感。 Tā bù yídìng duì nǐ yǒu hǎogǎn.
彼はあなたに好意を持っているとは限らない。

"**不**" は否定形を作るのですから、当然、反復疑問文にも使われます。使われる動詞や形容詞が 1 字なら［A **不** A ～］となり、2 字のときは［AB **不** AB ～］ですが、はじめの B を省略して "**可不可以**" "**喜不喜欢**" のように［A **不** AB ～］とすることもあります。

你今年去不去中国？ Nǐ jīnnián qù bu qù Zhōngguó?
あなたは今年中国へ行きますか。

30

第1章　じつは難しい基本の語

你家离车站远不远？ Nǐ jiā lí chēzhàn yuǎn bu yuǎn？
あなたの家は駅から遠いですか。

那家四川菜馆的麻婆豆腐好不好吃？
Nà jiā Sìchuān càiguǎn de mápódòufu hǎo bu hǎochī？
あの四川料理店のマーボー豆腐はおいしいですか。

■ どこに置く？

"不"の置き場所というのにも、気をつけなくてはなりません。まず簡単にまとめてみましょう。

①連動文では前の動詞の前に

我不去看今天的足球比赛。 Wǒ bú qù kàn jīntiān de zúqiú bǐsài.
私は今日のサッカーの試合を見に行きません。

②助動詞があったら助動詞の前に

我不想做这种工作。 Wǒ bù xiǎng zuò zhè zhǒng gōngzuò.
彼はこういう仕事はしたがらない。

③"把"構文では"把"の前に

她不把自己的地址告诉别人。 Tā bù bǎ zìjǐ de dìzhǐ gàosu biérén.
彼女は自分の住所を人に教えません。

また［是～的］の構文では、13ページで述べたように"不"は"是"の前に置き［不是～的］とします。

她不是为了减肥不吃饭的。 Tā bú shì wèile jiǎnféi bù chīfàn de.
彼女はダイエットのためにごはんを食べないのではない。

"不"が否定するのは"不"のうしろにあることなので、その置き場所によって文の意味は違ってきます。

我们都不是学生。Wǒmen dōu bú shì xuésheng.
　　　私たちは全員学生ではありません（学生は一人もいない）。
　　我们不都是学生。Wǒmen bù dōu shì xuésheng.
　　　私たちは全員が学生というわけではありません（学生もいるけど、そうでない人もいる）。

　　他很不认真。Tā hěn bú rènzhēn.
　　　彼はとても不まじめです（"不认真（まじめでない）"を強調している）。
　　他不很认真。Tā bù hěn rènzhēn.
　　　彼はとてもまじめというわけではありません（「とてもまじめ」を否定している。「いくらかはまじめ」かもしれないが「とてもまじめ」ではない）。

前置詞句を含む文も、"不"の位置によって文の意味が変わります。

　　a）我不在家复习功课。Wǒ bú zài jiā fùxí gōngkè.
　　　私は家で学校の勉強を復習しません。
　　b）我在家不复习功课。Wǒ zài jiā bú fùxí gōngkè.
　　　私は家では学校の勉強を復習しません。

aは「家で学校の勉強を復習する」ことを否定していて、このあとに"在图书馆复习功课（図書館で学校の勉強の復習をします）"のような文が続くと考えられます。しかしbで否定しているのは"复习功课"で、"在家"は否定の範囲に入っていません。ですから「家で、ほかのことはするけれど、学校の勉強の復習はしない」という意味なのです。家ではテレビを見たり、ゲームをしたりするのでしょう。

ほかの語句と組み合わせる

"不"や"不是"は、"就""就是""而是"などと組になってさまざまな文を作ることもできます。たとえば"不～就…"は「～でないと…だ」、"不是～就是…"は「～でなければ…だ」という表現で

第1章 じつは難しい基本の語

す。

外语不努力学习，就学不好。 Wàiyǔ bù nǔlì xuéxí, jiù xuébuhǎo.
外国語は一生懸命勉強しないとマスターできない。

这个地方，不是下雨，就是刮大风。
Zhège dìfang, bú shì xià yǔ, jiù shì guā dàfēng.
ここは、雨が降らなければ強風が吹いている。

次のような [不 A 不 B] と"不"を2つ使ったフレーズもあります。このA、Bはともに単音節語ですが、AとBの関係によって意味もさまざまです。

不吃不喝	飲まず食わず
不言不语	うんともすんとも言わない
不软不硬	やわらかすぎず硬すぎず
不上不下	どっちつかず、よくもなければ悪くもない
不见不散	会わなければその場を離れない、会うまで待っている（待ち合わせの約束をするときの決まり文句)

可能補語を作る

"不"はさらに助詞として、動詞と方向補語／結果補語の間に置かれ、可能補語の否定形を作ります。

教室里有很多人，我怎么也挤不进去。
Jiàoshì li yǒu hěn duō rén, wǒ zěnme yě jǐbujìnqu.
教室にはたくさん人がいて、私はどうしても中へ入っていけなかった。

上海话，我一点儿也听不懂。 Shànghǎihuà, wǒ yìdiǎnr yě tīngbudǒng.
上海語は、私は少しも聞いてわかりません。

可能補語では"得"を使う肯定形より"不"を使う否定形のほうがずっとよく使われます。それはわざわざ"得"を使わなくても、方

向補語や結果補語によって事の実現を表わせるからです。"**挤进去**"なら「入っていった」のですし、"**听懂**"なら当然「聞いてわかった」のですから、あえて「～できた」と言う必要はないでしょう。一方"**不**"を使った否定形にすると「～しようとしたのだけど、結局はそうできなかった」という成り行きと結果が表現できます。たった数文字でそれだけの内容が表わせるのですから大したものです。

"没" とどう違う？

"**不**"と並んで否定を表わすのが"**没有**"です。動詞や形容詞はふつう"**不**"で否定しますが、"**有**（ある）"だけは"**不**"でなく"**没**"を使って否定しますね。

我是独生子，没有兄弟姐妹。 Wǒ shì dúshēngzǐ, méi yǒu xiōngdì jiěmèi.
私は一人っ子で、兄弟はいません。

我们大学的校园里没有招待所。
Wǒmen dàxué de xiàoyuán li méi yǒu zhāodàisuǒ.
私たちの大学のキャンパスにはゲストハウスがありません。

"**没有**"は"**有**"の否定形ですが、また動詞、形容詞などの否定にも使われます。では同じく否定を表わす"**不**"と"**没有**"はどこが違うのでしょうか。中国語の動詞には時制による変化がありません。ですから、たとえば"**去**"と言えば「行きました（過去）」という意味にも「行きます（現在）／行くでしょう（未来）」という意味にもなります。しかし否定の場合、"**我不去**"と言えばふつう「私は行きません／私は行かないでしょう」と現在や未来のことで、"**我没有去**"なら「私は行きませんでした」と過去のことを述べた文になります。

つまり"**不**"が表わすのは「そうしない、そうではない」という話し手の判断です。それに対して"**没有**"は客観的に「そういう事実は存在しない」ということを表わします。ですから"**没有**"は過

去、現在のことを否定することはできますが、未来のことについては使えません。

我说了好几次，但是他怎么也不听我的话。
Wǒ shuōle hǎo jǐ cì, dànshì tā zěnme yě bù tīng wǒ de huà.
私は何度も言ったが、彼はどうしても私の話を聞こうとしなかった。〔過去〕

他现在不学习汉语。Tā xiànzài bù xuéxí Hànyǔ.
彼は今中国語を勉強していない。〔現在〕

我今年不去香港。Wǒ jīnnián bú qù Xiānggǎng.
私は今年香港に行かないでしょう。〔未来〕

我去年没有参加学校的旅游。Wǒ qùnián méiyǒu cānjiā xuéxiào de lǚyóu.
私は去年学校の旅行に参加しませんでした。〔過去〕

天气还没暖和起来。Tiānqì hái méi nuǎnhuoqǐlai.
天気はまだあたたかくない。〔現在〕

過去のことでも主語の意志として「そうしようとはしなかった」ということであれば、1つめの文のように**"不"**が使われます。

　完了、経験、進行、継続の文の否定に**"没有"**を使うのも、「そういう事実はない／なかった」という意味になるからです。

他还没起床。Tā hái méi qǐchuáng.
彼はまだ起きていない。〔完了の否定〕

我没有去过加拿大。Wǒ méiyǒu qùguo Jiānádà.
私はカナダに行ったことがない。〔経験の否定〕

他没有在看书，在复习功课。
Tā méiyǒu zài kàn shū, zài fùxí gōngkè.
彼は本を読んでいません。学校の勉強の復習をしているところです。〔進行の否定〕

窗户还没有开着呢。Chuānghu hái méiyǒu kāizhe ne.
窓は開いていません。〔継続の否定〕

また方向補語や結果補語を使った文の否定にも、「そういうこと

はない/そういう結果は得られなかった」という意味で、"没有"が使われます。

他从图书馆没借回那本小说来。
Tā cóng túshūguǎn méi jièhui nà běn xiǎoshuō lái.
彼は図書館からその小説を借りて来ませんでした。

我还没翻译完这篇作品。Wǒ hái méi fānyìwán zhè piān zuòpǐn.
私はこの作品をまだ翻訳し終わっていません。

"不"が表わすのは「そうではない」という否定ですが、それは話し手の意志や判断によるものです。意志が示されるということは、強い態度や反応を表わすのにも使えます。デモなどで何かについて絶対反対と言いたいとき、プラカードに1字"不!"と書くこともありえるでしょう。また刑事物のドラマでよくありますが、「お前がやったな!」と疑われた人は、否定するために"不!"と言うはずです。

コラム

中国語の文法はやさしい？

「中国語は、発音は難しいけれど文法は簡単だ」「そもそも中国語には文法がない」などと言われることがありますが、中国語を真剣に学んでいる者にとって甚だ心外です。「文法」というのは平たく言えば文の組み立てのルールなわけですから、中国語の文がある以上「中国語の文法」がないわけはありません。それにもかかわらず、「文法がない」とか「簡単だ」と言われてしまう理由はどの辺りにあるのでしょうか。

　以前、仕事ですぐ中国へ行かなければならない人に、集中レッスンで中国語を教えたことがあります。もちろん会話が中心で、日常生活で困らない程度になるのが目標でした。最低限のコミュニケーションのためには何を身につければいいのか考え、学習計画を作ってさっそくレッスンを始めたのです。まずは正確な発音ができるようになってもらう必要がありましたが、それと同時に必ず使う文型、たとえば「～である」「～を持っている」「～がある」、よく使いそうな動詞の文・形容詞の文など、それぞれを肯定文・否定文・疑問文のどれでも言えるようになるまで練習しました。あとは数の読み方、年月日、時間、物の値段など数に関すること、そしてもう一つ、あいさつとその受け答え。短期間にこれだけのことを勉強・練習してその人は中国に旅立っていきました。帰国後に話を聞くと、日常生活はなんとか中国語でやり過ごせたということでした。

「なんと言っても、ほかの言葉のように活用形を覚えなくてもいいし、いざとなると名詞だけになっても何とかわかってもらえましたからね。」

確かにこの人の言うとおりで、その辺が「中国語は意外にやさしい」と言われる理由なのかもしれません。

もちろんその先の勉強を続けるなら、経験や完了、動作の進行、受身、比較と学ぶべき事項はたくさんあるでしょう。しかしこの段階でも一つひとつの文法事項をしっかり頭に入れていけば、どうにもならないほど難しい、というわけではありません。教科書や文法の本を見ても、英語などのテキストの内容や配列とあまり変わりありませんね。

しかし問題なのはその先です。より複雑な文法事項や表現も学んでいかなければなりませんが、もう一つやらなければならないのが、中国語の文の意味に大きな働きをしている「字」≒「語」の一つひとつを深く掘り下げて理解していくことです。それには、ただその字を眺めているだけではだめで、多くの文に当たって、その語がどんなところでどのように使われているのかを見極めていかなければなりません。この辺りからは「外国語を勉強する」というよりは「技を磨く」という感じがします。腕のいいすぐれた職人さんたちが一つひとつの道具の使い方を熟知し、その最適な使い方によっていい作品を創るために、日々努力と経験をつんでいく、こんな姿が思い浮かび、中国語を学んでいくことと重なります。そうして学んでいくうちに、それぞれの語の奥に広がる意味が見えてくるはずです。この尽きない努力を「尽きない趣味」「尽きない楽しみ」と感じてくれる学習者が一人でも増えていくといいのですが…

第2章

意外に多くの働きをもつ語

　"好""多"などは日本語でもよく使われる字です。しかし日本語の「好」や「多」は、「好評」「好条件」「多数」「多方面」と単語の中で使われる場合でも、意味はもとの「好ましい」「多い」のワクを出ません。一方、中国語の文を読んでいると、さまざまな使い方の"好""多"に出合います。"好"には読み方も2通りありますね。ここでは、よく知っている基本語の中でも多機能な語、複数の読み方をもつ語を集めてみました。それぞれの意味の広がりや使い方をしっかり整理してみましょう。

5 好 「いい」もいろいろです

　"好"には２つの読み方があり、第四声の"好 hào"が動詞、第三声の"好 hǎo"が形容詞です。"好 hǎo"は"你好（こんにちは）"の"好"ですから、おそらく中国語を習いはじめると一番はじめに出合う形容詞でしょう。"好 hǎo"のほうが使用頻度も高いのですが、その分使い方も複雑なので、まず動詞の"好 hào"から先に見ていきましょう。

動詞は第四声

　「私はサッカーが好きです」を中国語に訳す問題を出すと、"我好足球。"と答える人が時々います。「好きです」だから"好"を使ったのでしょうが、これは間違いで、正解は"我喜欢踢足球。"です。昔の中国語では第四声の"好 hào"が「好きだ、好む」という意味の動詞として使われていましたが、現代の中国語では「好きだ」という意味を表わすのに"喜欢（好きだ）""爱（愛している）"などを使います。ただし"好奇 hàoqí（興味を持って知りたがる）""好胜 hàoshèng（勝つことが好き、勝気である）""爱好 àihào（好み、趣味）"などの単語の中では、今でも"好 hào"が生きています。

　第四声の"好 hào"にはもう一つ「すぐ～してしまう、～しがちだ」という意味があります。

这个孩子好发烧，每次发烧妈妈都惊慌失措。
　Zhège háizi hào fāshāo, měicì fāshāo māma dōu jīnghuāng shīcuò.
　この子はすぐ熱を出し、その度にお母さんはうろたえてしまう。

我不喜欢好哭的孩子。 Wǒ bù xǐhuan hào kū de háizi.
　私はすぐ泣く子は好きではありません。

「悪い」の反対は？

一方、第三声で読む"好 hǎo"は形容詞ですから、次のように名詞を修飾します。

去年他发表了一篇很好的作品。 Qùnián tā fābiǎole yì piān hěn hǎo de zuòpǐn.
去年彼は一つのいい作品を発表した。

我们大学有一个相当好的图书馆。
Wǒmen dàxué yǒu yí ge xiāngdāng hǎo de túshūguǎn.
私たちの大学にはかなりいい図書館があります。

また"好"は"好书（よい本、良書）""好机会（いい機会、チャンス）""好办法（いい方法）""好人（いい人、善人）"のように直接名詞について熟語を作ることもあります。

そして形容詞ですから、文の述語にもなります。

他住的地方环境非常好。 Tā zhù de dìfang huánjìng fēicháng hǎo.
彼が住んでいる所は環境が非常にいい。

你爸爸妈妈都好吗？ Nǐ bàba māma dōu hǎo ma?
お父さんお母さんはお元気ですか。

那位老师对我们留学生非常好。
Nà wèi lǎoshī duì wǒmen liúxuéshēng fēicháng hǎo.
あの先生は我々留学生にとても親切です。

簡単に言うと"好"は「悪い」の反対の「いい」です。しかし上の文を見ればわかるように、「いい」の内容も「質が優れている」「具体的に内容がいい」「健康状態がいい、健康だ」「友好的だ、親切だ」とさまざまです。また「いい」の反対「悪い」に当たる中国語は"坏 huài"ですが、"坏"を使うと「劣悪な」「邪悪な」という本格的に悪い意味になってしまいます。「この店の餃子は味が悪い」「彼は出席状況が悪い」くらいの「悪い」であれば"不好"を使う、ということも覚えておきましょう。"**这个菜馆的饺子味道很坏。**"などと言っ

ては、お店がかわいそうです。

　また、"**好**"には「よくなる」と変化を表わす使い方があり、このときには、あとに語気助詞の"**了**"や方向補語の"**起来**"などがつけられます。

他的病，已经完全好了。 Tā de bìng, yǐjīng wánquán hǎo le.
彼の病気はもうすっかりよくなりました。

通过跟公司的谈判，他们的劳动条件好多了。
Tōngguò gēn gōngsī de tánpàn, tāmen de láodòng tiáojiàn hǎo duōle.
会社との交渉によって、彼らの労働条件はずっとよくなった。

他每天努力学习，现在他的发音渐渐好起来了。
Tā měitiān nǔlì xuéxí, xiànzài tā de fāyīn jiànjiàn hǎoqǐlai le.
彼は毎日よく勉強しているので、彼の発音は今だんだんよくなってきた。

動詞とくっついて形容詞を作る

　さらに"**好**"は動詞の前について新たな形容詞を作ります。

这双运动鞋很好穿。 Zhè shuāng yùndòngxié hěn hǎochuān.
この運動靴は履き心地がいい。

她做的青椒肉丝很好吃。 Tā zuò de qīngjiāoròusī hěn hǎochī.
彼女の作るチンジャオロースーはおいしい。

她的歌声非常好听，常使人听得入了神。
Tā de gēshēng fēicháng hǎotīng, cháng shǐ rén tīngde rùle shén.
彼女の歌声はとても美しく聞きほれてしまう。

他不好对付，所以洽谈不会那么顺利。
Tā bù hǎoduìfu, suǒyǐ qiàtán bú huì nàme shùnlì.
彼は難しい人なので、あまり友だちが多くない。

他写的文章并不好懂，但是有很大的魅力。
Tā xiě de wénzhāng bìng bù hǎodǒng, dànshì yǒu hěn dà de mèilì.
彼の書く文章は決してわかりやすくはないが、とても魅力がある。

["**好**"＋動詞]の形容詞には大きく分けて、"**好穿**（履き心地がいい）""**好吃**（おいしい）""**好听**（音が美しい）"のような「その動作をすると心地がいい、いい感じだ」という意味のものと、"**好对付**（付き合いやすい）""**好懂**（理解しやすい、わかりやすい）"のような「その動作、行為がやりやすい」という意味のものがあります。

この"**好～**"の反対語は"**难～**"で、"**好听**"の反対は"**难听**（聞き苦しい）"となりますが、意味がまったくの正反対かというと、若干のニュアンスのズレがあります。"**好吃**（おいしい）"の反対のつもりで"**难吃**"を使うと、「まずい」というより「食べづらい」の意味になってしまいますから注意が必要です。ただ「～しやすい」ほうの"**好～**"は"**难～**"とすると大体反対語になります。

你包的饺子好吃吗? Nǐ bāo de jiǎozi hǎochī ma?
あなたの作る餃子はおいしいですか。

——**我包的饺子并不好吃。** Wǒ bāo de jiǎozi bìng bù hǎochī.
私の作る餃子は少しもおいしくありません。

这条路好走吗? Zhè tiáo lù hǎozǒu ma?——**特别难走。** Tèbié nánzǒu.
この道は歩きやすいですか。——とびきり歩きにくいです。

様態補語と結果補語

"**好**"は様態補語や結果補語としてもよく使われます。

他在美国长大的，所以他说英语说得特别好。
Tā zài Měiguó zhǎngdà de, suǒyǐ tā shuō Yīngyǔ shuōde tèbié hǎo.
彼はアメリカで育ったので英語を話すのがとてもうまい。

我的自行车已经修理好了。 Wǒ de zìxíngchē yǐjīng xiūlǐhǎo le.
私の自転車はもう修理して直りました。

大家坐好！现在上课。 Dàjiā zuòhǎo! Xiànzài shàngkè.
ちゃんと座りなさい。授業を始めます。

１つめの文は様態補語に"**好**"が使われていて、その動作のやり方

が上手なことを表わしています。結果補語の"好"が表わす内容はそれよりちょっと難しく、「その動作や行為が満足のいく、理想的な状態で終わった」ことを表わします。"**修理好了**"なら「修理してその結果が満足のいくものだった」わけですから「直った」ことになりますし、"**坐好**"は「おしゃべりしたり歩き回ったりしないで自分の席に行儀よく座る」ことを表わしています。日本語にすると「ちゃんと～する」ことを表わすのが、結果補語の"**好**"の働きです。結果補語の"**完**"を動詞につけると、ともかくその動作が終わったことを表わしますが、満足のいく結果が得られたかどうかはわかりません。中国語を学ばれている皆さんも"**学完**（勉強しおわった）"にとどまってはだめですよ。ぜひ"**学好**（マスターする）"を目指してください。

会話でも大活躍

「～してもいいですか」と中国語で言いたいとき、ふつうまず用件を言い、そのあとに"**好吗？**""**好不好？**"をつけます。

你回了家，就给我打电话，好吗（好不好）？
Nǐ huíle jiā, jiù gěi wǒ dǎ diànhuà, hǎo ma (hǎo bu hǎo)?
家に帰ったらすぐ私に電話をくれますか。

"**好不好？**"は、口調によっては強い態度で相手に迫っている感じになります。

好，那我也采纳你的意见。 Hǎo, nà wǒ yě cǎinà nǐ de yìjiàn.
わかった、それじゃあ私も君の意見を採用しよう。

好，别的问题明天再商量商量吧。
Hǎo, bié de wèntí míngtiān zài shāngliangshāngliang ba.
よろしい、ほかの問題は明日また相談しましょう。

好！你说个试试！ Hǎo! Nǐ shuō ge shìshi!
ようし、言ってみろよ！

1つめの文の"好"は「よし、わかった」と同意したことを表わし、まん中の文では「話はここまで」と決着をつけています。最後の文では"好"と言いながら決して「いい」と言っているのではありません。逆に不快、不満を表わしています。日本語でもけんかなどの場面で「ようし、相手になってやろうじゃないか」とすごむセリフがありますが、その「ようし」と似ていますね。

副詞になる

最終にもう一つ副詞の"好"があり、数の多さや時間の長さを強調します。あいさつことば"好久没见。(長いことご無沙汰しています)"の"好"ですね。

他让我们等了好半天。 Tā ràng wǒmen děngle hǎo bàntiān.
彼は私たちをずい分長いこと待たせた。

他住了德国好多年了。 Tā zhùle Déguó hǎo duō nián le.
彼はドイツにもう何年も住んでいる。

時間の長さばかりではなく、形容詞の前について程度を強める働きもします。そして程度が高いということから、感嘆文にもなります。

森林里有好漂亮的瀑布。 Sēnlín li yǒu hǎo piàoliang de pùbù.
森の中にそれは美しい滝がある。

这几年天气好热啊！ Zhè jǐ nián tiānqì hǎo rè a!
この数年、なんて暑いのだろう。

"好"の意味の出発点は「いい」ということですが、そこから「いい方向に向かう」ことを表わし、ほかの語にもさまざまな働きかけをします。その意味の広がりをおさえていくと"好"のもつニュアンスをつかめるのではないでしょうか。

6

多 じつに多様な使い道

"**多**"も日本語としては見慣れた字ですが、形容詞の「多い」のほかにも、じつにさまざまな働きと使い方があります。

▼形容詞の「多い」

まずは形容詞の"**多**"から見ていきましょう。次の例では"**多**"が修飾語として名詞の前に置かれています。

中国茶也有很多种类。 Zhōngguóchá yě yǒu hěn duō zhǒnglèi.
中国茶にも多くの種類があります。

我们大学有很多中国留学生。
Wǒmen dàxué yǒu hěn duō Zhōngguó liúxuéshēng.
私たちの大学にはたくさんの中国人留学生がいます。

単音節の形容詞が名詞の前に来るときは、ふつう"**很**"(時には"**好**")をつけた形で使われます。"**多**"も"**多年**(多年、長年)""**多民族国家**(多民族国家)""**多才多艺**(多芸多才)"のような熟語は別として、上の例のように"**很多**"となります。ふつう形容詞は"**的**"を使って名詞につなげますが、"**多**"のあとには"**的**"をつけません。ですから"**很多的人**""**很多的问题**"ではなく、"**很多人**(多くの人)""**很多问题**(多くの問題)"となります。

"**多**"が文の述語になるときは、ほかの形容詞と同様に、コントラストを表わす場合を除いて、肯定形の前には何らかの程度副詞をつける必要があり、さしたる意味の必要ない場合には"**很**"をつけます。

广州四月份雨很多。 Guǎngzhōu sìyuèfèn yǔ hěn duō.
広州は四月に雨が多い。

第2章　意外に多くの働きをもつ語

这个地方，从来人多工作不多，所以很多人都去海外谋生。
Zhège dìfāng, cónglái rén duō gōngzuò bù duō, suǒyǐ hěn duō rén dōu qù hǎiwài móushēng.
この地方は人が多いが仕事は少ないので、多くの人が生計を求めて海外へ行った。

副詞は「多く～」

語学が上達するためには"**多听、多写、多说**（たくさん聞き、たくさん書き、たくさん話す）"が必要、と言いますが、この動詞の前に置かれている"**多**"は副詞です。

为了恢复健康，你应该多吃多睡。
Wèile huīfù jiànkāng, nǐ yīnggāi duō chī duō shuì.
健康を回復するために、たくさん食べてたくさん眠らなければなりませんよ。

这个词语多用于书面语。
Zhège cíyǔ duō yòngyú shūmiànyǔ.
この語句は、多くは書きことばに用いられる。

このような「ある動作を多く行なう」ことを表わす"**多**"は慣用句でも使われ、このとき"**多多**"と重ねることもあります。

请多多关照。／请多多指教。　　どうぞよろしくお願いします。

「たくさんのお世話／ご指導をいただくことをお願いする」というフレーズを、「どうぞよろしく」の意味で使っているのですね。
また単に動作を多く行なうというだけでなく、「もともと予定されていた／考えられていたのより余分にする」ことも表わします。

你特意来一趟，请多坐一会儿吧。
Nǐ tèyì lái yí tàng, qǐng duō zuò yíhuìr ba.
わざわざいらしたのですから、どうぞもうちょっとゆっくりしていらしてください。

快要比赛了，我们比往常多练习了一个小时。
Kuàiyào bǐsài le, wǒmen bǐ wǎngcháng duō liànxíle yí ge xiǎoshí.
もうすぐ試合なので、私たちはふだんより1時間余分に練習した。

你多吃点儿吧。 Nǐ duō chī diǎnr ba.
もっと食べなさいよ。

上の文を見ると"**多**"も"**(一)点儿（少し）**"もあるので、一体多いのか少ないのかと戸惑うかもしれませんが、"**多**"は「もっと多めに」ということです。そしてここでは「もっともっと多めに」と言っているわけではありません。「ちょっと多めに」なので"**(一)点儿**"が使われているのです。

▼ 補語になる

また、"**多**"は動詞のあとについて結果補語になることができ、「ある動作を適切な量を超えて多く行なった」ことを表わします。「動作が終わってみるとやりすぎていた」ということです。

我昨天喝多了，有点儿不舒服。 Wǒ zuótiān hēduō le, yǒudiǎnr bù shūfu.
私は昨日飲みすぎて、ちょっと気分が悪い。

今天的菜我做多了，所以剩了不少。
Jīntiān de cài wǒ zuòduō le, suǒyǐ shèngle bù shǎo.
今日の料理は作りすぎたので、たくさん残ってしまった。

"**多**"は形容詞のあとについて程度補語にもなりますが、直接形容詞につく形と助詞"**得**"を用いて形容詞につく形があります。

这家商店的东西比那家商店质量好得多。
Zhè jiā shāngdiàn de dōngxi bǐ nà jiā shāngdiàn zhìliàng hǎo de duō.
この店の物はあの店より質がずっといい。

她的口语比留学以前流利多了。 Tā de kǒuyǔ bǐ liúxué yǐqián liúlì duōle.
彼女のことばは留学前に比べてずっと流ちょうになった。

程度補語の"**多**"は"**得**"を用いても用いなくても、ともに「程度が上がる」ことを表わします。しかし"**得**"を用いず直接形容詞

第2章　意外に多くの働きをもつ語

につける"多"は、ふつう"多了"という形で使われ、変化の大きさをいっそうはっきり表わします。

動詞にもなる

"多了十个人"と言うと、予定・予想していたより10人多かった、と数がオーバーしたことになります。この"多"は動詞で超過を表わすので、これもよく"了"をつけて用いられます。

这项研究计划多了三个专家参加。
Zhè xiàng yánjiū jìhuà duōle sān ge zhuānjiā cānjiā.
今回のプロジェクトには3人の専門家が新たに加わった。

报名的人比原来估计的多了几十个。
Bàomíng de rén bǐ yuánlái gūjì de duōle jǐshí ge.
応募者はもともとの予想を数十人上回った。

疑問文・感嘆文を作る

すでにいろいろな"多"が出てきて、"已经太多了！（もう多すぎる）"と思うかもしれませんが、もう少しがんばって見ていきましょう。"多"には疑問文を作ったり、感嘆文を作ったりする働きもあります。

珠穆朗玛峰有多高？　Zhūmùlǎngmǎfēng yǒu duō gāo?
チョモランマはどのくらい高いですか？

你孩子多大了？　Nǐ háizi duō dà le?
あなたの子どもはいくつになった？

この"多"は英語の"How tall are you？（あなたはどのくらい背が高いですか）"のhowに似ていますね。"多"は「どのくらい」の意味で、この1語があれば"多高？（どのくらい高いですか）""多重？（どのくらい重いですか）"のような疑問文を作れます。"多"の疑問文は「どのくらいの数があるのか、どの程度あるのか」と聞

くものなので、動詞"有"もよく一緒に使われます。また「どれくらい軽いの？」という文も考えられそうですが、"多"のあとに来る形容詞は「強い、大きい」ほうだけで"多轻?""多近?"などとは言いません。では"多少?"は、と思われるかもしれませんが、これは「どのくらい」の"多"ではなく、"多"と"少"という反対の意味を持つ形容詞を並べて数や量を尋ねる表現なのです。

程度がとても高いことも表わす"多"は、感嘆文にもよく使われます。

> **你要是能来参加明天的会，多好啊！**
> Nǐ yàoshi néng lái cānjiā míngtiān de huì, duō hǎo a !
> あなたが明日の会に参加できるなら、なんてすばらしいでしょうか。
>
> **这几天天气多热啊！** Zhè jǐ tiān tiānqì duō rè a !
> この数日天気はなんて暑いんだろうか。

感情を表わす文には、文末によく語気助詞の"啊"が使われます。

また、"多"は「どんなに～であっても」という譲歩を表わす文も作ることができます。

> **无论多忙，他常常来我们这儿帮忙。**
> Wúlùn duō máng, tā chángcháng lái wǒmen zhèr bāngmáng.
> どんなに忙しくても、彼はしょっちゅう我々のところへ来て手伝ってくれる。
>
> **多大的困难我们也应该努力克服。**
> Duō dà de kùnnán wǒmen yě yīnggāi nǔlì kèfú.
> どんなに大きな困難でも我々は努力して乗り越えるべきだ。

■ 数と一緒に使う

形容詞・副詞・動詞・疑問詞と"多"の働きはまさに多彩ですが、さらに端数を表わす数詞としての"多"があります。

> **三十多个人** sānshí duō ge rén　　　　三十数人の人
> **五十多米的布** wǔshí duō mǐ de bù　　五十数メートルの布

第2章　意外に多くの働きをもつ語

このように数が10以上の整数のときは、一般に［数詞＋"**多**"＋量詞＋名詞］となります。ちなみに"**人**"は量詞の性質も持っているので、量詞"**个**"を省き"**三十多人**"のようにも言います。また"**五十多米的布**"のように量詞が度量衡を表わすような場合には、量詞と名詞の間に"**的**"を入れてもかまいません。

もう一つ［数詞＋量詞＋"**多**"＋名詞］という語順もあります。

一个多月 yí ge duō yuè　　　　　　　1か月あまり
三公斤多的肉 sān gōngjīn duō de ròu　3キロあまりの肉
六年多的时间 liù nián duō de shíjiān　6年あまりの時間

この語順になるのは、数字が基数あるいは基数で終わる何ケタかの数で、量詞は度量衡や時間を表わすものが主です。2つめと3つめの例には"**的**"を入れられますが、"**个**"は度量衡を表わす量詞ではないので"**一个多的月**"とは言えません。

また"**多**"の位置によっては意味が変わってしまいます。

四十万多 sìshí wàn duō　　40万あまり
四十多万 sìshí duō wàn　　40数万

"**四十万多**"は、40万はあるけれど41万には満たず、40万にあとちょっと端数があるということです。"**四十多万**"は「40いくつか」万があるということですから、40数万となります。また"**二十多本书**（20数冊の本）"と言えても"**二十本多**"と言えないのは、本は1冊まとまってこそ存在するもので、小数点以下の0.2冊の本などというものはありえないからです。

こうして見てみると"**多**"の働きはじつに"**多得多**"です。「多い」ということ、「オーバーしている」ということ、その辺りをしっかりおさえておきましょう。

7

少 　用途が少ないわけではない

"**少**"は文字通り「少ない」ことを表わす、"**多**"の反対語です。ですから"**多**"で挙げたのと同じ用法で意味だけ反対というものも多くあります。しかし、それ以外にもさまざまな使い方がありますから、一つひとつしっかりチェックしていきましょう。

"**少**"には shào と第四声で読む使い方があります。中国語のテキストにも意外に出てこないので、気づかない人も多いようですが、第四声の"**少** shào"は「歳が少ない」、つまり「若い」ことを表わします。"**少年** shàonián""**少女** shàonǚ"は日本語と同じ「少年」「少女」、"**男女老少** nán nǚ lǎo shào"は日本語にすると「老若男女」です。

▼ 形容詞の「少ない」

数や量が「少ない」ことを表わす"**少**"は第三声で読みますが、こちらのほうが学習者の皆さんにはなじみ深いですね。

这个村子里，多半的人姓刘，别的姓很少。
Zhège cūnzi li, duōbàn de rén xìng Liú, bié de xìng hěn shǎo.
この村では大部分の人が劉という姓で、ほかの姓は少ない。

在日本有自己别墅的人还算少。
Zài Rìběn yǒu zìjǐ biéshù de rén hái suàn shǎo.
日本では、自分の別荘を持っている人はまだ少ない。

形容詞ですから文の述語となることができます。しかし形容詞の"**少**"は直接名詞を修飾することはできません。つまり"**很少(的)人**"とは言えないのです。ここが"**多**"とは違うところですね。「少しの~」と言いたいときは"**少数**""**少量(的)**"などの語を使います。

我们应该尊重少数人的意见。Wǒmen yīnggāi zūnzhòng shǎoshù rén de yìjiàn.
私たちは少数の人の意見も尊重すべきです。

最后放少量的盐就好了。Zuìhòu fàng shǎoliàng de yán jiù hǎo le.
最後に塩少々を入れたら出来あがりです。

▼ 動詞の前後で働く

"少"も"多"のように動詞の前に置くことができますが、意味は"多"と反対に「少なめに動作をする」ことです。

他平常很少出去玩儿。Tā píngcháng hěn shǎo chūqu wánr.
彼はふだん外へ遊びに行くことは少ない。

你考试的成绩不太好，要少玩多学习。
Nǐ kǎoshì de chéngjì bú tài hǎo, yào shǎo wán duō xuéxí.
試験の成績があまりよくなかったのだから、遊ぶのは控えめにしてよく勉強しなさいよ。

"少生优生（少なく生み、そして優秀な子を生もう）"という一人っ子政策のスローガンがありますが、この"少"も動作を少なめにすることを表わす"少"です。

さらに"少"は「もともとの数や量から減らして少なめにする」ことも表わします。

他少穿了一件上衣。Tā shǎo chuānle yí jiàn shàngyī.
彼は上着を1枚少なめに着た。

为了减肥，我少吃一顿饭。Wèile jiǎnféi, wǒ shǎo chī yí dùn fàn.
ダイエットのため、私は1食抜く。

上の文ではもともと着ていた上着を1枚減らしたことになり、下の文ではもともと1日3食食べていた人なら2食にすることになります。

このような数や量が減ったことを表わす"少"は動詞のあとにつ

き、結果補語にもなります。「動作を行なってみると少なかった、少なくなっていた」ことを表わし、うしろにはよく"**了**"がつけられます。

菜点少了，有很多客人来的话，一定会不够吧。
Cài diǎnshǎole, yǒu hěn duō kèrén lái de huà, yídìng huì bú gòu ba.
料理を少なめに注文したので、たくさんお客さんが来たらきっと足りなくなるに違いない。

今天水果买少了，不够分。 Jīntiān shuǐguǒ mǎishǎo le, bú gòufen.
今日は果物を少なめに買ったので足りない。

動詞になる

"**少**"にも"**多**"と同じように動詞としての使い方があります。動詞の"**多**"が「超過する」という意味なのと逆に、動詞の"**少**"は「不足する、欠く、欠ける」ことを表わします。日本でも公開されましたが、『あの子を探して』という中国映画があったのをご存知でしょうか。出稼ぎのために村からいなくなった一人の生徒を町へ捜しに行く若い先生の話です。この映画の原題は《**一个都不能少**》と言います。直訳すると「(生徒を) 一人だって減らせない」という意味で、この"**少**"がまさに「欠かす」という意味の動詞の"**少**"です。

这套积木少了一块。 Zhè tào jīmù shǎole yí kuài.
この積み木は一つ（なくなって）足りない。

这本词典少了几页。 Zhè běn cídiǎn shǎole jǐ yè.
この辞書は数ページなくなっている。

「不足する、欠く」というのは、誰にとってもあまりうれしいことではなく、それだけ気になることです。そのせいか中国語にも"**少头无尾**（物事のはじめも終わりもなく不完全なこと）""**少吃少着**（衣食に事欠いている）""**缺心少肺**（分別や思慮が足りない）"など、"**少**"

を使った言い方がたくさんあります。

また可能補語のついた"少不了（欠かせない）"や"少不得（欠かすことができない）"なども日常的によく使われる表現です。

为了完成这项工程，少不了你们的合作。
Wèile wánchéng zhè xiàng gōngchéng, shǎobuliǎo nǐmen de hézuò.
このプロジェクトを完成するために、あなたがたの協力は欠かせない。

要解决那个问题，少不得你自己去一趟现场。
Yào jiějué nàge wèntí, shǎobude nǐ zìjǐ qù yí tàng xiànchǎng.
この問題を解決するには、あなた自身が一度現場に行かないわけにはいかない。

最後にもう一つ、動詞の"少"は人からお金を借りたままになっていることも表わします。この場合は「誰々に・いくら」と２つの目的語をとります。

我还少弟弟一万日元呢。Wǒ hái shǎo dìdi yíwàn rìyuán ne.
私は弟にまだ１万円借りたままだ。

我现在没有零钱，先少你三十块钱。
Wǒ xiànzài méi yǒu língqián, xiān shǎo nǐ sānshí kuài qián.
私は今細かいお金を持っていないので、あなたに30元借りておく。

"少"という語には、単に「少ない」というほかに「少なめ」「欠けている」などのマイナスのイメージがありますが、これだけ多くの使い方があるのですから、やはり中国語の表現には"少不了"の語と言えるでしょう。

8 给 物も動作も誰かのために

那个碟子，给我吧。 Nàge diézi, gěi wǒ ba.
そのお皿を私にください。

ちょっと離れた場所にある物を取ってもらうときなどに、よくこんな言い方をします。"给"は「与える」「プレゼントする」を表わすことばなのです。

▼「誰かに」「何かを」あげる

冒頭の文の"给"は動詞で、英語の give と同じような「あげる」「与える」という意味です。動詞"给"の文では「与える物」「与える相手」の2つの目的語をとることができます。

妈妈给我一件毛衣。 Māma gěi wǒ yí jiàn máoyī.
お母さんは私にセーターをくれました。

他给了我一本他最近写的书。 Tā gěile wǒ yì běn tā zuìjìn xiě de shū.
彼は私に、彼が最近書いた本をくれました。

爷爷常常给孙子零用钱。 Yéye chángcháng gěi sūnzi língyòngqián.
おじいさんは、しょっちゅう孫にお小遣いをくれます。

2つ目的語があるときは、「与える相手」を表わす間接目的語が先で、「与える物」を表わす直接目的語があと、つまり「(誰々)に」「(何々)を」の順になります。直接目的語は文のはじめにも出せますが、そうすると、直接目的語というよりは、その文のトピックスという意味あいが出てきます。

"给"の文では"把"を使って直接目的語を"给"の前に置くこともできます。

第2章 意外に多くの働きをもつ語

他把那辆自行车给了他弟弟。 Tā bǎ nà liàng zìxíngchē gěile tā dìdi.
彼はその自転車を弟にあげた。

那位老妇人要把所有的财产给她侄女。
Nà wèi lǎofùrén yào bǎ suǒyǒu de cáichǎn gěi tā zhínǚ.
その老婦人はあらゆる財産を彼女の姪に与えようとしている。

嫌な目に遭ったことも表わせる

"给"の文は「何かが誰かに与えられる／プレゼントされる」という内容が多いのですが、次のような、やられてあまり嬉しくないことにも使われます。

妻子给了丈夫一顿臭骂。 Qīzi gěile zhàngfu yí dùn chòumà.
妻は夫を口汚く罵った。

このような種類の文では"给"が具体的な動詞の代わりにも使われます。

他们兄弟俩打架，哥哥给了弟弟一个耳光。
Tāmen xiōngdì liǎ dǎjià, gēge gěile dìdi yí ge ěrguāng.
彼らは兄弟げんかをして、兄が弟を一発なぐった。

他给了同事几句难听的话。 Tā gěile tóngshì jǐ jù nántīng de huà.
彼は同僚を口汚く罵った。

上の文の"给"は"打（なぐる）"、下の文の"给"は"说"に言いかえることができますが、"打"と言うところを"给"と言うのは、日本語でも「一発お見舞いした」と言うのとなんだか似ていますね。
　動詞の"给"はまた「ある状態にさせる」「あることを許可する」という意味でも使われます。

整天站的工作给我累得腰酸腿疼。
Zhěngtiān zhàn de gōngzuò gěi wǒ lèide yāosuān tuǐténg.
1日中立っている仕事で、私は疲れて足腰が痛くなった。

这个句子不好翻译，给他难得想了好几天。
Zhège jùzi bù hǎo fānyì, gěi tā nánde xiǎngle hǎo jǐ tiān.
この文は翻訳しにくく、彼は何日も考えさせられた。

これらは「使役」の文とも考えられますが、ある状態や措置が誰かに向かって行なわれる、ということから"给"を使えるのです。

▼ 誰のために？

"给"はまた前置詞にもなります。前置詞の"给"は日本語にするなら「～のために」「～にかわって」「～に対して」とさまざまな訳が考えられますが、いずれにしても、ある動作、行為が誰か（何か）に向けられていることを表わしています。

回家以后，给我打电话，好吗？
Huíjiā yǐhòu, gěi wǒ dǎ diànhuà, hǎo ma?
帰ったら、私に電話をくれますか。

你来中国的时候，我给你当翻译。
Nǐ lái Zhōngguó de shíhou, wǒ gěi nǐ dāng fānyì.
あなたが中国に来たときには、私があなたのために通訳になってあげますよ。

不要紧，我给你把灯关掉。
Búyàojǐn, wǒ gěi nǐ bǎ dēng guāndiào.
大丈夫ですよ、私があなたのかわりに電灯を消しますから。

他再三给我道歉，但是我不知道为什么向我道歉。
Tā zàisān gěi wǒ dàoqiàn, dànshì wǒ bù zhīdào wèishénme xiàng wǒ dàoqiàn.
彼はしきりと私にあやまるのだが、私は彼がなぜそんなことをするのかわからない。

この前置詞としての使い方でも、動詞のときと同じく、行なわれて嬉しいことばかりではありません。やられて嫌なこともあるのです。

对不起，那本书给你弄丢了。Duìbuqǐ, nà běn shū gěi nǐ nòng diū le.
すみません、あの本をなくしてしまいました。

「なくした」ことが"你（あなた）"に関わってくるということは、この"那本书"は"你的那本书（あなたのあの本）"と考えられ、"**对不起，我把你的那本书丢掉了。**（すみません、私はあなたのあの本をなくしてしまいました）"ということを言っているのだとわかります。

　また、前置詞の"给"は「受身」の文にも使われます。受身の文と言えば"被"ですが、口語では前置詞の"给"も"被"と同じ働きをします。

我的眼镜给弟弟弄坏了。
Wǒ de yǎnjìng gěi dìdi nònghuài le.
私のメガネは弟にこわされてしまった。

院子里的树木给台风刮倒了。
Yuànzi li de shùmù gěi táifēng guādǎo le.
中庭の木は台風で倒されてしまった。

受身を表わすのには、ほかに"让""叫"も使われます。"给""让""叫"は口語でよく使われる、という点では共通していますが、"让""叫"がそのうしろに行為者がついていなければならないのに対して、"给"はそのうしろに直接動詞が来てもかまいません。「誰によって」という語がなくても文が成り立つのです。

我的眼镜给弄坏了。
私のメガネはこわされてしまった。

≡ 結果補語になる

　"给"は動詞のあとについて結果補語にもなりますが、表わす意味は動詞の"给"と同じく、ある物や事が受けとり手のほうに移ることです。それで"送（贈る）""借（借りる、貸す）""还（返す）""留（残す）""交（手わたす）""寄（郵送する）"のような物の移動を表わす動詞と相性がいいのです。

我想把一些礼品寄给他。 Wǒ xiǎng bǎ yìxiē lǐpǐn jìgěi tā.
私は何かちょっとした物を彼に送りたいと思っている。

他回国的时候，把用过的日常用品都留给了我。
Tā huíguó de shíhou, bǎ yòngguo de rìcháng yòngpǐn dōu liúgěile wǒ.
彼は帰国するとき、使っていた日用品を私に残していった。

昨天的作业，现在交给我吧。 Zuótiān de zuòyè, xiànzài jiāogěi wǒ ba.
昨日の宿題を私に提出してください。

動詞でも前置詞でもない用法

"给"にはもう一つ、動詞の前に置かれる助詞としての"给"があります。これは"把"構文や受身の文でよく見られます。

我的电脑被小李给弄坏了。
Wǒ de diànnǎo bèi Xiǎo Lǐ gěi nònghuài le.
私のパソコンは李くんにこわされてしまった。

屋子都让妈妈给收拾得干干净净。
Wūzi dōu ràng māma gěi shōushide gāngānjìngjìng.
部屋はお母さんによってきれいに片づけられた。

这次地震把我们的校舍给震塌了。
Zhècì dìzhèn bǎ wǒmen de xiàoshè gěi zhèntā le.
今回の地震は私たちの校舎を崩壊させた。

这些碗筷，我给洗，你给擦吧。
Zhèxiē wǎnkuài, wǒ gěi xǐ, nǐ gěi cā ba.
この食器を、私が洗うのであなたがふいてよ。

上の文はどれも"给"がなくても文は成り立つのですが、"给"があることで、動作や行為があるものに向かって為される、という感じがよりはっきりします。

このように"给"にはさまざまな使い方があるものの、共通するのは"给"によって物や動作が受けとり手のほうへ移ることを表わす働きです。ともかく"给"があると、必ず物や行動が誰かのほうに向かっているのです。

　それから最後に、"给"は「供給する」という意味のとき jǐ と読むことも付け加えておきましょう。"**自给自足**"は zì jǐ zì zú と読みますから、ぜひ覚えておいてくださいね。

9 到 — 何かに手が届くイメージ

铃木同学。 Língmù tóngxué. ——**到。** Dào.
鈴木さん。——はい。

出席をとるとき、日本語では「はい」と答えますが、中国語では"**到**"になります。「この場に着いていますよ」ということで"**到**"が使われるのでしょう。

"**到**"は動詞で「到着する、行きつく、行く」ことを表わします。

大家都到了，现在开会吧。 Dàjiā dōu dào le, xiànzài kāihuì ba.
みんな来ましたから会議を始めましょう。

他们终于到了南极。 Tāmen zhōngyú dàole Nánjí.
彼らはついに南極に到達した。

「行く」という意味で"**到**"が使われるときは「どこまで行くのか」を表わす目的語が必要で、次のように多くは連動文になります。

她上星期到香港出差了。 Tā shàngxīngqī dào Xiānggǎng chūchāi le.
彼女は先週香港へ出張に行きました。

你到我家玩吧。 Nǐ dào wǒ jiā wán ba.
私の家に遊びに来てくださいよ。

「到達点」を表わす

"**到**"は「〜まで」と到達点を表わす前置詞としても使われます。この場合、空間的な「(どこ)まで」と時間的な「(いつ)まで」の両方に使え、さらに「そんなものまで」と範囲の広がりを表わすこともできます。この到達点を表わす"**到**"はよく出発点を表わす"**从**"とセットになり"**从〜到…**（〜から…まで）"というフレーズを作

ります。

我们从火车站到他的别墅走着去。
Wǒmen cóng huǒchēzhàn dào tā de biéshù zǒuzhe qù.
私たちは駅から彼の別荘まで歩いて行きました。

这个画展从八月十号到二十号在国立美术馆举办。
Zhège huàzhǎn cóng bāyuè shí hào dào èrshí hào zài guólì měishùguǎn jǔbàn.
この絵画展は8月10日から20日まで国立美術館で開催されます。

从小孩到大人都喜欢这个电影。
Cóng xiǎohái dào dàrén dōu xǐhuan zhège diànyǐng.
子どもから大人までみんなこの映画が好きだ。

「目的達成」を表わす

また、"到"は結果補語としてもよく使われ、動作や行為が、空間的に「どこまで」、時間的に「いつまで」、さらに範囲や程度として「どのくらいまで」いったのかを表わします。次の文の中の"到"は何を表わしているのか考えてみてください。

他年三十才回到了老家。Tā nián sānshí cái huídàole lǎojiā.
彼は大みそかになってやっと故郷へ帰った。

请把这封信寄到中国。Qǐng bǎ zhè fēng xìn jìdào Zhōngguó.
この手紙を中国に送ってください。

我们练习到晚上七点才停止。
Wǒmen liànxídào wǎnshang qī diǎn cái tíngzhǐ.
私たちは夜7時まで練習してやっとやめた。

上の2つの文の"到"は「どこまで」、3つめの文の"到"は「いつまで」を表わしています。では次の文はどうでしょう。

今天学到这里，明天从第五课的生词开始学习。
Jīntiān xuédào zhèli, míngtiān cóng dì wǔ kè de shēngcí kāishǐ xuéxí.
今日の勉強はここまで、明日は第5課の新出単語から始めましょう。

我们的研究还没进行到发表的阶段。

Wǒmen de yánjiū hái méi jìnxíngdào fābiǎo de jiēduàn.
我々の研究は、まだ発表の段階にまではなっていない。

他的病已经发展到相当严重的地步。

Tā de bìng yǐjīng fāzhǎndào xiāngdāng yánzhòng de dìbù.
彼の病気はかなり進行して重い状態だ。

最近物价高到不能再高了。 Zuìjìn wùjià gāodào bù néng zài gāo le.

最近物価がこれ以上高くなりえないところまで上がった。

1つめの文の"到"は「～まで」という範囲を表わしています。教室で私が"今天学到这里。"と言うやいなや、ノートやテキストを片づけはじめる学生もいますが、困ったものですね。2つめと3つめの文の"到"は、達した段階やレベルを表わしています。"到"のあとには到達する時や場所を表わす語が来るだけでなく、4つめの文のように具体的な程度や状態を表わすフレーズも使われます。

このように結果補語"到"は「到達点」を表わしますが、もう一つ「ある動作や行為が目的を達成したこと、目指していた結果を得たこと」も表わすことができます。たとえば"找到（見つける）"は"找（さがす）"という行為が目的を達成したということです。中国語の動詞はその動作が目的を達成したことまで表わす力が弱いため、結果補語"到"が活躍するのです。

他一直在找的救命恩人，终于找到了。

Tā yìzhí zài zhǎo de jiùmìng ēnrén, zhōngyú zhǎodào le.
彼はずっと捜していた命の恩人をついに見つけた。

我好不容易买到了那场棒球比赛的票。

Wǒ hǎo bù róngyì mǎidàole nà chǎng bàngqiú bǐsài de piào.
彼はやっとのことで、その野球の試合の切符を手に入れた。

"买到"と言えば、ただ買いたいと思うとか、買うつもりでいる、

というのではなく、確実に買うことができ、その現物も手元にある感じがします。同じように"**我收到了你的来信。**"と言えば、その手紙は確かに自分の手元に届いていることになります。さらに動詞と"**到**"の間に"**得／不**"を入れると可能補語になり、"**～得到**"で可能を、"**～不到**"で不可能を表わします。特に、ある動作や行為を行なおうとしたものの、結局は目的が達成できなかったことを表わす可能補語の否定形は、日常でもよく使われています。

找不到　　さがしたけれど見つけられなかった
买不到　　買おうとしたが、物が少なかったり高かったりで手に入らなかった
收不到　　何かの理由で受けとることができなかった

那么理想的对象，他怎么也找不到吧。
　Nàme lǐxiǎng de duìxiàng, tā zěnme yě zhǎobudào ba.
　そんな理想的な恋人なんて、彼はどうやっても見つけられないでしょう。

我想不到他已经结了婚，有两个孩子。
　Wǒ xiǎngbudào tā yǐjīng jiéle hūn, yǒu liǎng ge háizi.
　彼がもう結婚して子どもが2人いるなんて、私には想像できない。

「行き届いている」

"**到**"にはもう一つ形容詞の用法があり、「行き届いている」という"**周到**"の意味で使われます。実際にはふつう"**周到**"を使うので、"**到**"は次のような改まった文にのみ使われるようです。

不到之处请格外原谅。 Bú dào zhī chù qǐng géwài yuánliàng.
　不行き届きの点がありましたら、何卒お許しください。

どんな使い方であっても、"**到**"のポイントはやはり「到達する」ということで、そこから「～まで」と到達する時や場所、程度や状態を表わしたり、目的を達成する意味を表わしたりすることになるのです。では、"**到**"についての勉強は"**学到这里**"にしましょう。

10 対 ☺ 突き合わせてピタッと合う

　中国人が会話の中で「トゥイ、トゥイ」と言うのを耳にしたことはありませんか。それは"对，对"という同意のことばです。なぜ同意が"对"になるのが、"对"の働きを探ってみましょう。

動詞「対する」

　動詞の"对"は日本語の「対する」と同じ意味ですが、さまざまな使われ方をします。次の文を見てください。

兵对兵，将对将。 Bīng duì bīng, jiàng duì jiàng.
　兵には兵で対し、軍官には軍官で対す。

她的房间对着一条马路，晚上也吵得慌。
　Tā de fángjiān duìzhe yì tiáo mǎlù, wǎnshang yě chǎo de huāng.
　彼女の部屋は通りに面していて夜もうるさくてたまらない。

对一下儿笔迹看看是不是本人写的。
　Duì yíxiàr bǐjì kànkan shì bu shì běnrén xiě de.
　筆跡を突き合わせて、本人が書いたものか見てみよう。

你要不要往威士忌里对凉水？
　Nǐ yào bu yào wǎng wēishìjì li duì liángshuǐ?
　ウィスキーは水で割りますか。

日本語にするとさまざまな訳になりますが、"对"にはどれも「対する、面する、ピタッと符合する」といった共通のイメージがあります。"对一下儿笔迹"は「2つの筆跡をちょっと突き合わせてみる」ことです。劇場などの「指定席」は"对号入座"と言いますが、これも自分のチケットの番号と座席を照合し、ピタッと合ったところに座る、ということです。また謝罪のことば"对不起（すみません）"

も、もともとは「自分に相手の顔をまともに見られないような理由があるので、相手と面と向かおうとしても顔を上げることができない」ということから来た言い方なのです。そして最後の文のような、いわゆる「お酒を割る」という意味にも使われます。

▼形容詞「合っている」

一方、形容詞の"对"は「正しい、その通りだ、合っている」という意味で、"错（間違っている）"の反対語になります。

他说的话很对，我们要听他的话。
Tā shuō de huà hěn duì, wǒmen yào tīng tā de huà.
彼の言っていることは正しいから、我々は彼の言うことを聞くべきだ。

数目不对，我们得再算一下。 Shùmù bú duì, wǒmen děi zài suàn yíxià.
数が合っていないから、もう一度計算しなければならない。

"对"が「正しい」という意味になるのも、事実が正しい状態とぴったり符合しているからです。形容詞の"对"はさらに「正常である」という意味にも使われます。

今天他的脸色不对，大概是病了。 Jīntiān tā de liǎnsè bú duì, dàgài shì bìng le.
今日彼の顔色はおかしい。おそらく病気になったのだろう。

また様態補語として「やり方が正しい、合っている」ことを表わしたり、結果補語として「動作、行為を行なったらその結果が正しかった、合っていた」ことも表わしたりします。

你说得对！我也这么想。 Nǐ shuōde duì! Wǒ yě zhème xiǎng.
あなたの言っていることは正しい！　私もそう思いますよ。

你猜对了。答案就是"空气"。 Nǐ cāiduì le. Dá'àn jiù shì "kōngqì".
あなたの答えは当たりです。正解は「空気」です。

中国語の会話で「はい」と答えたいとき、ふつうそのとき使って

いる動詞や形容詞の肯定形が「はい」の代わりになります。しかしここで冒頭に出てきた同意のことば"对"を使うこともできます。"对"と言うと、いかにも「あなたの言う通り」という感じがします。

你喜欢看电影吗？ Nǐ xǐhuan kàn diànyǐng ma？
——**对，我喜欢看电影。** Duì, wǒ xǐhuan kàn diànyǐng.
あなたは映画を見るのが好きですか。——はい、私は映画を見るのが好きです。

香港热吗？ Xiānggǎng rè ma？——**对，香港很热。** Duì, Xiānggǎng hěn rè.
香港は暑いですか。——はい、香港は暑いです。

また会話の中で、何か言ったあとに"对不对？"と付け加える言い方があります。直訳すれば「合っていますか／その通りですか」となりますが、語調を少し強めれば、相手に自分の考えや事実を示し、「そうだろ、そうは思わないか」と念を押す感じになります。

你也承认这个事情，对不对？ Nǐ yě chéngrèn zhège shìqing, duì bu duì？
あなたもこのことは認めている、そうでしょ？

もう一つ"对了"という形で独立して使われるものがあります。これは何かを急に思い出したときに使うことばです。

对了，我们还要做今年的年度计划方案。
Duìle, wǒmen hái yào zuò jīnnián de niándù jìhuà fāng'àn.
そうだ、私たちは今年度の年間計画案を作らなければならない。

对了，他也想要报名，那么我们要尽快跟他联系。
Duìle, tā yě xiǎng yào bàomíng, nàme wǒmen yào jǐnkuài gēn tā liánxì.
そうだ、彼も申し込みたがっている。それならできるだけ早く彼に連絡してやらなくては。

あることに意識のピントが当たって、急に思い出された、そんな感じがしますね。

第2章 意外に多くの働きをもつ語

≡ 前置詞「～に対して」

さらに"对"には前置詞の用法がありますが、皆さんにはこちらのほうがなじみ深いかもしれません。中国語の前置詞はもともと動詞だったものが多く、前置詞になっても元の動詞と意味がつながっています。前置詞"对"も、「～に対して」「～に向かって」などの意味を表わしますが、動詞の「対する」という意味から考えれば想像しやすいでしょう。さらに「～にとって」「～に関して」と対象を表わす語句も作ります。

老师对我说"你今天不用练习，快回家休息吧"。
Lǎoshī duì wǒ shuō "nǐ jīntiān bú yòng liànxí, kuài huíjiā xiūxi ba".
先生は私に「今日は練習しなくていいから早く家に帰って休みなさい」と言った。

同学们对新来的插班生非常热情，他们马上成了很好的朋友。
Tóngxuémen duì xīn lái de chābānshēng fēicháng rèqíng, tāmen mǎshàng chéngle hěn hǎo de péngyou.
クラスメートたちは新しい転入生にとても親切で、彼らはたちまち友だちになった。

我对中国的饮食文化非常感兴趣。
Wǒ duì Zhōngguó de yǐnshí wénhuà fēicháng gǎn xìngqù.
私は中国の食文化に非常に興味がある。

また、「ある人や物事を基点にして、そこから見ると」という意味を表わす"对～来说"という決まった言い方もあります。

对我来说，他又是救命恩人，又是十分令人尊敬的老师。
Duì wǒ lái shuō, tā yòu shì jiùmìng ēnrén, yòu shì shífēn lìng rén zūnjìng de lǎoshī.
私にとって、彼は命の恩人であり、また尊敬できる先生でもある。

对中国来说，民族问题是旧而新的问题。
Duì Zhōngguó lái shuō, mínzú wèntí shì jiù ér xīn de wèntí.
中国にとって、民族問題は古くて新しい問題だ。

この"对"に似た前置詞に"对于"があります。"对于"を使う

ところはほとんど"対"に置きかえることができますが、"対"をすべて"対于"に置きかえることはできません。人に向けられる場合や"対～来说"には"対"しか使えず、"対于"は使えないのです。また"対于"は助動詞や副詞のあとに置くことができないので、"他们会对于中国有兴趣。"ではなく"他们会对中国有兴趣。"としなければなりません。

「～について」という意味の前置詞なら"关于"もあります。

关于／对于这个问题，他们提出了很多意见。
Guānyú / Duìyú zhège wèntí, tāmen tíchūle hěn duō yìjiàn.
この問題について、彼らはたくさんの意見を出した。

关于具体的问题，我们明天再商量吧。
Guānyú jùtǐ de wèntí, wǒmen míngtiān zài shāngliang ba.
具体的な問題に関しては、明日また相談しましょう。

他对于这篇论文的批评非常正确。
Tā duìyú zhè piān lùnwén de pīpíng fēicháng zhèngquè.
この論文に対する彼の批判は非常に的確である。

"关于／对于"のどちらを使ってもいい場合もありますが、客観的に「～に関して」というときは"关于～"、「～について」「～に対して」と対象物に向かっていくニュアンスがあるときは"对于～"のほうがふさわしいでしょう。そこに"対"の持つ基本姿勢が生きているのです。

対になったものを数える

もう一つ、量詞の"対"も忘れてはなりません。日本語でも「一対」と言いますから、わかりやすいかもしれませんね。

一对夫妇 yí duì fūfù 　　　一組の夫婦
一对花瓶 yí duì huāpíng 　　一組の花瓶

一对鸳鸯 yí duì yuānyāng 　　一組のオシドリ

一对石狮子 yí duì shíshīzi 　　一組の石の獅子

中国人は「ペア」になったものが好きで、2つそろっていてこそ縁起がいいと考えます。ですから"**花瓶**"にしても図柄が「花」のものと「鳥」のものというように、ペアで売られていることが多いようです。ペアになったものを数える量詞にはもう一つ"**双**"があり、"**一双手**（2本の手）""**一双眼睛**（2つの目）""**一双袜子**（1足の靴下）"などと言います。比べてみると、"**双**"で数えるのは同じあるいは対称的に同じ形2つでペアになっているものであるのに対して、"**对**"はちょっと形や種類が違う2つでペアになっているものを数えていることがわかります。"**石狮子**（寺や宮殿の入口に置かれた、日本で言えば狛犬）"も「アッ」と口を開いているのと「ムッ」と口を閉じているもののペアなので、"**对**"で数えるのです。

また、日常生活の中では2つずつ物を数えることがありますが、そんなときにも量詞の"**对**"が使えます。"**一对（儿），两对（儿），三对（儿）…**"と"**儿化**"することもありますが、これで「二の、四の、六の…」のことです。

"**对**"は「向かい合っている」のが基本のイメージです。「道に面している」のも道と向かい合っていること、「〜について」もそのテーマに向き合っているということなのです。ペアになったものも、向かい合ったときにピタッと重なるので"**对**"を使って数えるのでしょう。

11

和 ☹ 多音字に惑わされてはだめ!

　一つの字に数種類の読み方があり、それぞれ品詞や意味の異なる語になる、ということがあり、そのような字を"**多音字**"と言います。"**和**"もその一つです。"**多音字**"と言ってもその中でよく使うもの、あまり使われないもの、という差はおのずとあります。"**和**"で頻繁に使うのは「~と」を表わす"**和** hé"でしょう。

動詞は4種類

　"**和**"には hé のほかに、何と hè・hú・huó・huò と4つも読み方があり、"**和** hè""**和** hú""**和** huó""**和** huò"が動詞、"**和** hé"が形容詞、接続詞、前置詞の働きを持っています。

　"**和** huó"と"**和** huò"はともに「かき混ぜる」という意味の動詞です。"**和** huó"は「粉に水などの液体を加えてこねる」ことを意味し、"**和面**"と言えば「小麦粉に水を加えてこねる」という意味です。一方、"**和** huò"は水を加えることもありますが、「粉や粒状のものを混ぜてかきまわす」ことを表わし、"**搅和** jiǎohuò""**搀和** chānhuò"には単に混ぜるという意味のほかに「混乱させる、一緒くたになる」など、あまりよくない意味もあります。また"**和** huò"には「洗濯するときの水を換える回数」という意味もあるようですが、何だか昔なつかしい感じもしますね。

　"**和** hú"はマージャン用語で「パイがそろって上がる」こと。"**和了!**（上がり）"と誰かが言ったら、ほかの人はびくっとするでしょう。

　そして"**和** hè"は「人に合わせる」ことから「追従する、唱和する」などの意味にもなりますが、単独で使われることはほとんどなく、"**一唱百和**（一人が呼びかけると、大勢の人間がついてくる）""**随声附和**（他人と同じように行動する、付和雷同する）"のような

成語の中などで使われます。

動詞として使われている"和"は、あまり目にする機会が多くないかもしれません。しかし huó や huò と読む動詞の"和"がある、ということを覚えておくだけでも、いつか思いもかけないところで役に立つのではないでしょうか。

▼形容詞「おだやかな」

さて、それでは私たちになじみ深い"和 hé"を見ていきましょう。"和 hé"は形容詞、接続詞、前置詞として働きます。形容詞の"和"が表わすのは「人の心の状態や雰囲気がおだやかだ、和やかだ」「天気などが温和だ」「調和がとれている」「人と人の仲がいい」などいいことばかりです。しかし"和"も単独ではほとんど使われず、"**和平（平和だ）**""**和暖（和やかだ）**"などの単語や"**和蔼可亲（おだやかで親しみやすい）**""**心平气和（心がおだやかで態度も落ち着いている）**""**风和日丽（風もおだやかで気持ちよく晴れている）**"のような成語の中で使われているにとどまります。

他态度和蔼，从来没看过他生气。
Tā tàidù hé'ǎi, cónglái méi kànguo tā shēngqì.
彼は態度がおだやかで、今まで彼が怒ったのを見たことがない。

今天风和日丽，是最适于郊游的日子。
Jīntiān fēng hé rì lì, shì zuì shìyú jiāoyóu de rìzi.
今日はいいお天気で絶好のハイキング日よりだ。

また「釣り合いがとれている」ということから、球技や将棋などでは次のような言い方もします。

双方的力量相当，这盘象棋终于和了。
Shuāngfāng de lìliàng xiāngdāng, zhè pán xiàngqí zhōngyú hé le.
双方の力が伯仲し、この将棋の試合はとうとう引き分けになった。

接続詞「〜と」

"和"を勉強する上でしっかり理解しておかなければならないのが、接続詞、そして前置詞としての使い方です。接続詞の"和 hé"がつなぐのは、ふつう語と語、あるいはフレーズとフレーズで、文と文とはつなぐことができません。

老黄和老陈是青梅竹马的朋友。
Lǎo Huáng hé Lǎo Chén shì qīngméi zhúmǎ de péngyou.
黄さんと陳さんは幼なじみです。

我想吃寿司和天麸罗。 Wǒ xiǎng chī shòusī hé tiānfūluó.
私はお寿司と天ぷらが食べたい。

他会说英语、法语、德语和汉语。
Tā huì shuō Yīngyǔ, Fǎyǔ, Déyǔ hé Hànyǔ.
彼は英語とフランス語とドイツ語、そして中国語が話せます。

つなげる語がいくつもある場合には"、"を使い、最後と最後から2番めの語の間に"和"を入れます。思い出しながら話すような場合は別ですが、全部の語の間に"和"を入れてしまっては、わずらわしい上、幼稚な感じがしてしまうでしょう。

他的聪明和勤奋使我佩服。
Tā de cōngmíng hé qínfèn shǐ wǒ pèifu.
彼の賢さとまじめさに私は感服する。

为了学好外语，我们必须天天复习和预习。
Wèile xuéhǎo wàiyǔ, wǒmen bìxū tiāntiān fùxí hé yùxí.
外国語をマスターするためには日々復習と予習をする必要がある。

上の文で"和"がつないでいるのは形容詞、動詞ですが、どちらも名詞的に使われています。また次の文のように動詞（句）が連なってうしろの名詞を修飾している場合には、動詞（句）と動詞（句）の間にも"和"が使えます。

现在学习和想学习汉语的人越来越多。

Xiànzài xuéxí hé xiǎng xuéxí Hànyǔ de rén yuè lái yuè duō.

現在中国語を勉強している、そして勉強したいと思っている人がどんどん多くなっている。

このように、"和"がつなぐのは主に名詞あるいは名詞に相当する語句です。しかし述語部分で動詞や形容詞をつなぐことも、ないわけではありません。ただその場合、動詞や形容詞が2音節のものであること、あるいは両者に共通する目的語があること、などの条件を満たす必要があります。

中国政府提倡和普及了普通话教育。

Zhōngguó zhèngfǔ tíchàng hé pǔjíle pǔtōnghuà jiàoyù.

中国政府は標準語教育を提唱し普及させた。

我们还要进一步调查和了解这个问题。

Wǒmen hái yào jìn yíbù diàochá hé liǎojiě zhège wèntí.

私たちはさらに一歩進んでこの問題を調査し、理解しなければならない。

前置詞「～と」

"和 hé"は前置詞としても使われ、「動作や行為を共にする人」「動作や行為の対象」「関わりの及ぶ物事」を引き出す働きをします。

这件事我得和父母商量再决定。

Zhè jiàn shì wǒ děi hé fùmǔ shāngliang zài juédìng.

このことは、両親と相談して決めなければならない。

他走着和我谈事情的经过。

Tā zǒuzhe hé wǒ tán shìqing de jīngguò.

彼は歩きながら、事の一部始終を私に話しました。

你做不做和我完全没有关系。

Nǐ zuò bu zuò hé wǒ wánquán méi yǒu guānxi.

あなたがやるかやらないかは、私とはまったく関係ありません。

また比較の文では、比較の対象を引き出すのに使われます。

大豆和鱼肉一样营养丰富。
Dàdòu hé yúròu yíyàng yíngyǎng fēngfù.
大豆は肉や魚と同じように栄養が豊富です。

　この前置詞の"和"と似ているのが"跟"です。上の4つの文の"和"はどれも"跟"に置きかえられます。"跟"のもとの意味は名詞の「かかと」で、動詞の"跟"は「(人のかかとについて行くように)ぴたりとついて行く」意味を表わします。そして"跟"は前置詞では「〜と」という意味になり、英語のwithに当たります。上の例文を見ていると"和"もwithの意味で使われると言えそうですが、"和"はどちらかと言えばwithよりandの意味に近いようです。**"我和他去天安门参观。"**と言うと「私は彼と天安門を見学しに行きました」という意味にも受けとれますが、「私と彼は〜」と考えるほうがより自然です。しかし**"我跟他去天安门参观。"**と言えば「私は彼と天安門を見学しに行きました」と考えるほうが適切です。さらに**"我跟他一起（私は彼と一緒に）"**とするなら、主語は間違いなく「私」一人で、どういうふうにして行ったかと言うと「彼と一緒に行った」と述べているのです。

　"和"のさまざまな意味・用法を見てきましたが、文を読んだり書いたりするときに注意したいのは、やはり何と言ってもつなぎの語である接続詞の**"和 hé"**です。前置詞の使い方とともに、しっかりおさえておきましょう。

コラム

あいづちの話

「『トゥイ、トゥイ』というのをやたら耳にしたけれど、あれは何ですか」中国へ旅行に行った人から、こう聞かれたことがあります。

「それは『そう、そう』というあいづちで、『あなたが言ったとおり』ということです。漢字で書くと『対』ですよ」と答えました。しかし「反対」の「対」がなぜ「そのとおり」になるのか、相手は余計に疑問に思ったかもしれません。

"対"の項でお話ししたように、この"対"は相手の言ったことと事実が一対になって符合していることを表わしています。"対"はとてもよく使われるあいづちの一つですが、"対。"と1回では止まらず"対，対。"と2回、あるいはもっと何回も"対，対，対…"立て続けに言う人もいます。「あなたが言ったとおり」という意味にもこだわらず、口ぐせになって何かと"対"を使う人も少なくありません。

中国語には、このほかにも多様なあいづちがあります。相手が言ったその事実どおりなら"是"とも言い、"是吗"もよく使われます。"吗"がついていますが、疑問の意味はありません。日本語の「そうです」「そうですか」と同じような使い方ですね。

あいづちの頭には"噢"や"啊"などの間投詞を置くこともあります。相手の言ったことに納得の行ったときのあいづちなら、"噢ò""啊à"と尻下がりに発音します。よく使われる"噢，是吗。"は「ああ、そうなんだ」という

感じです。

　また「そういうことなんだ」と、事の真相と言うとちょっと大袈裟ですが、事情が明らかになったときはよく"啊，这么回事。""啊，原来是这样。"などと言います。この"原来"は「実はこういうことだった」という種明かしのニュアンスです。

　ほかに"真的"もあいづちになります。ふつうの口調で言えば「本当です」「本当なのです」になってしまいますが、「本当？」と言うときのように、やや尻上がりで言えば「えっそうなの？」と驚きつつ、あいづちを打つ感じになります。"吗"をつけて"真的吗？"でもいいのですが、"真的。"とちょっと尻上がりにする口調で読み、疑問を表わす言い方もよく使われます。

　ただ、日本人が相手の話を聞きながら言う「ええ、ええ」というようなあいづちは、中国語ではあまり使わないようです。中国人の友人と話をしていて、こちらの話をよく聞いてくれてはいるのだけれど、あいづちがないので不安になったことがあります。でも本当に納得したときには力強く"対""噢，是吗。"と言ってくれますから、心配することはありません。

　以前中国で暮らしていたとき、私は子どもの世話をお願いしたおばあさんと親子のように仲良くなりました。そのおばあさんがよく言っていたのが"就是，就是。（まったくそうだね）"でした。私が何か相談したり愚痴を聞いてもらったりしたとき、"就是，就是。"とおばあさんが言うと何だかすごい援軍を得たようで、安心もし、問題も大方解決したような嬉しい気持ちになったものです。

第3章

文のニュアンスを整える語

中国語の副詞は、形容詞や動詞の前に置かれるというルールがありますが、その表わす意味はじつに多様です。"就""才"など、その有無によって文の雰囲気も大きく変わってしまいます。じつは文全体のニュアンスを決定づけるのが副詞だと言っても過言ではありません。しかし「日本語にしたら何？」と考えてもなかなか答えが出ず、訳がわからなくなる人も少なくないのです。回り道のようですが、それぞれの副詞が伝える情報の中心は何なのか、ここで一つずつ見ていきましょう。

12

都 　例外なくすべてをカバーする

"**我们是学生。**（私たちは学生です）"という文に"**都**"を入れて"**我们都是学生。**"とすると、主語の"**我们**"がみんな学生だということになります。"**都**"は「例外なくみんな」という意味を文に加える語です。

▼２人でも３人でも

"**都**"は"**是**（〜である）"を使った文ばかりでなく、次のような動詞述語文や形容詞述語文にも使われます。

我们都参加了这次讲演比赛。
Wǒmen dōu cānjiāle zhècì jiǎngyǎn bǐsài.
私たちはみんな今回のスピーチコンテストに参加しました。

他们都会打太极拳。
Tāmen dōu huì dǎ tàijíquán.
彼らはみんな太極拳ができます。

我们班的同学都很认真。
Wǒmen bān de tóngxué dōu hěn rènzhēn.
私たちのクラスのクラスメートは皆まじめです。

２つめの文では、彼らの中で太極拳ができない人は一人もなく、３つめの文ならクラスメートの中にまじめでない人はいない、ということになります。「みんな」と言う以上、"**都**"のある文の主語はふつう複数です。

我和他都对中国历史有兴趣。
Wǒ hé tā dōu duì Zhōngguó lìshǐ yǒu xìngqù.
私と彼は二人とも、中国の歴史に興味があります。

"我和他"で二人ですから、これも複数で"都"が使えますが、「私と彼はみんな…」と訳してしまう人が時々います。二人なら「二人とも／両方とも」にしなければなりませんね。

▼"都"はどこにかかる？

次の文を見てください。目的語が文頭に出ている文に"都"があります。

英语、法语和德语，他们都会说。
Yīngyǔ, Fǎyǔ hé Déyǔ, tāmen dōu huì shuō.

"都"は副詞ですから、ふつう"他们"のあとに置きますが、"都"が"英语、法语和德语"にかかっているなら「英語、フランス語、ドイツ語という3つの外国語を全部…」となりますし、"他们"にかかっているなら「彼らは全員が…」となり、2つの意味が考えられます。もちろんその文の前後関係から意味をとるのですが、発音からも判断できます。"英语、法语和德语"の部分を強く読めば（あるいは話せば）「英語、フランス語そしてドイツ語、この3種類の外国語が全部、どれも」の意味になり、"他们"あるいは"他们都"を強く読めば「彼ら全員が例外なく」という意味になると考えていいでしょう。

中国語の初級テキストで、会話体の本文には必ず言っていいくらい、次のような文があります。

你家都有什么人？ Nǐ jiā dōu yǒu shénme rén?

直訳すれば「あなたの家にはどんな人がいますか」となりますが、相手の家族構成を尋ねる文です。この"都"もある意味では「全部、みんな」ということですが、"都"の前の"你家"にかかるのではなく、その後ろの"有什么人（どういう人がいるか）"にかかります。つまり質問している人は「あなたの家にはどういう人がいるのか、

全部教えてください」と言っているのです。こう聞かれた以上、すべてを言わなければなりません。そして答えるときには"都"は使いません。

这次旅行，你都去哪儿了？ Zhècì lǚxíng, nǐ dōu qù nǎr le?
今回の旅行で、あなたはどこへ行きましたか？

——我去了北京、南京、苏州和上海。
Wǒ qùle Běijīng、Nánjīng、Sūzhōu hé Shànghǎi.
私は北京、南京、蘇州そして上海に行きました。

你向老师都问了些什么？ Nǐ xiàng lǎoshī dōu wènle xiē shénme?
あなたは先生に何を聞いたのですか。

——我向老师问了"了"和"的"的作用和用法。
Wǒ xiàng lǎoshī wènle "le" hé "de" de zuòyòng hé yòngfǎ.
私は先生に"了"と"的"の働きと使い方を聞きました。

例外なくどんな場合も

"每天（毎日）""到处（いたるところ）""大家（みんな）"など、「全部、みんな」の意味を持つ語がある文でも、"都"を使って「例外なくすべて」ということをよりはっきり表わすことができます。

他每天都打太极拳。 Tā měitiān dōu dǎ tàijíquán.
彼は毎日太極拳をやります。

这样的毛衣到处都有卖的。 Zhèyàng de máoyī dàochù dōu yǒu mài de.
こんなセーターはいたるところで売っている。

人人都有自己的理想。 Rénrén dōu yǒu zìjǐ de lǐxiǎng.
どの人にも自分の理想がある。

次のような疑問詞を使った文にも"都"が使われます。

这么简单的问题，谁都能回答。
Zhème jiǎndān de wèntí, shéi dōu néng huídá.
こんな簡単な問題は、誰でも答えられる。

你什么时候都可以来找我。 Nǐ shénme shíhou dōu kěyǐ lái zhǎo wǒ.
あなたはいつ私を訪ねて来てもいい。

我刚刚到北京，现在哪儿都还没去过。
Wǒ gānggāng dào Běijīng, xiànzài nǎr dōu hái méi qùguo.
私は北京に来たばかりで、今はまだどこにも行っていません。

このような文の中で使われる疑問詞は疑問文を作る働きをしているのではなく、"都"とあわせて「どんな場合も」という意味を表わしています。"**这么简单的问题，谁都能回答。**"も、もし"都"がなければ"**谁能回答？**（誰が答えられますか）"という普通の疑問文、あるいは「誰が答えられるだろうか。（いや、誰も答えられない）」という反語文になってしまいます。「誰でも答えられる」となるのは"都"のおかげです。

また、"都"は"**不论・无论・不管**（〜にかかわりなく、〜であろうとなかろうと）"などの接続詞のある文でも使われます。それも"都"が「どんな場合でも例外なく」という意味を表わすからです。

不论在什么情况下，我们都应该竭尽全力。
Búlùn zài shénme qíngkuàng xià, wǒmen dōu yīnggāi jiéjìn quánlì.
どんな状況のもとでも、私たちは全力を尽くすべきです。

无论是中国的还是外国的，他对文学方面的造诣都很深。
Wúlùn shì Zhōngguó de háishi wàiguó de, tā duì wénxué fāngmiàn de zàoyì dōu hěn shēn.
中国のものであろうと外国のものであろうと、彼は文学に造詣が深い。

不管天气好不好，他每天都去锻炼身体。
Bùguǎn tiānqì hǎo bu hǎo, tā měitiān dōu qù duànliàn shēntǐ.
天気がよくても悪くても、彼は毎日トレーニングに行く。

「例外なくすべてを含む」ということは「そこまでカバーしている、及んでいる」という意味にも通じます。そこで"都"は"**甚至**（甚

しきに至っては~)"や"连 (~さえも)"のような語と呼応して「そんなことまで…」と極端な例を示す文も作ります。

在城市不用说，甚至住在山区的人都使用手机。
Zài chéngshì búyòng shuō, shènzhì zhùzài shānqū de rén dōu shǐyòng shǒujī.
都市は言うまでもなく、山間部に住む人でさえ携帯電話を使っている。

这么简单的道理，连五岁的小孩都能理解。
Zhème jiǎndān de dàolǐ, lián wǔ suì de xiǎohái dōu néng lǐjiě.
こんな簡単な道理は、5歳の子供でさえ理解できる。

さらに"甚至"や"连"がなくても、"都"だけで「そんなことまで~」という意味の文が作れます。

这叫什么事呀，我都忘了自己的手机号码了。
Zhè jiào shénme shì ya, wǒ dōu wàngle zìjǐ de shǒujī hàomǎ le.
なんてことだ、私は自分の携帯の番号も忘れてしまった。

時間の表現と一緒に

"都"にはもう一つ、「もうすでに」という意味の使い方があります。

都十二点了，咱们去吃午饭吧。
Dōu shí'èr diǎn le, zánmen qù chī wǔfàn ba.
もう12時になった。お昼ごはんを食べに行こうよ。

他最近两、三年都没回老家了。
Tā zuìjìn liǎng, sān nián dōu méi huí lǎojiā le.
彼は最近もう2、3年実家に帰っていない。

この"都"は"已经 (もうすでに)"に置きかえることができますが、"已经"がわりあい客観的な「もうすでに」を表わすのに対して"都"には「ええ！ もうそんなになってしまったんだ」という、驚いたりあきれたりする語気があります。

第3章 文のニュアンスを整える語

　"**都**"は「すべてカバーする」ことを表わすのが基本です。そこから「例外なく」や「なんとそこまで」という意味に広がっていくのですね。"**一片都是春光**（辺り一面春景色だ）"などという文を見ると、ぱあっと春の景色が広がっている光景が目に浮かびます。この広がり覆いつくしている感じが、まさに"**都**"の働きと言えるでしょう。

13

也 😊 同調したり追加したり

"**我也要**（私もほしい）" "**我也去**（私も行く）" と言うと、誰か「ほしい人」や「行く人」がいて、「私」もその人と同じようにしたい、と思っていることがわかります。"**也**" はこのように「〜も」と、同じであることを表わすのですが、「何と何がどのように同じなのか」となると、その内容は文によってさまざまです。

▼ 同じなのは何と何？

我现在学习法语。 Wǒ xiànzài xuéxí Fǎyǔ.
私は今フランス語をしています。

――真的？真巧，我也在学习法语。
Zhēn de? Zhēn qiǎo, wǒ yě zài xuéxí Fǎyǔ.
本当に？　奇遇ですね。私もフランス語を勉強しています。

この会話では、自分も偶然、相手と同じことをしていたことを言っています。しかし "**也**" のあとに来る内容は相手とまったく同じでなくてもかまいません。"**我也想要开始学法语。**（私もフランス語を習いはじめようと思っていたのです）" "**我也对法语很感兴趣。**（私もフランス語にとても興味があります）" のように同じようなこと、同じような傾向のことであれば "**也**" が使えます。

他的专业是经济学，我的专业也是经济学。
Tā de zhuānyè shì jīngjìxué, wǒ de zhuānyè yě shì jīngjìxué.
彼の専攻は経済学ですが、私の専攻も経済学です。

日本人用筷子吃饭，中国人也用筷子吃饭。
Rìběnrén yòng kuàizi chīfàn, Zhōngguórén yě yòng kuàizi chīfàn.
日本人は箸でごはんを食べますが、中国人も箸でごはんを食べます。

他上个月去上海出差，这个月也去上海出差。

Tā shàngge yuè qù Shànghǎi chūchāi, zhège yuè yě qù Shànghǎi chūchāi.

彼は先月上海へ出張に行きましたが、今月も上海へ出張に行きます。

上の2つの文は、主語は異なりますが、述語部分の内容が前半と後半で同じです。3つめの文は主語も同じで「今月も先月と同じ行動をする」ことを言っています。

付け足して言う

また主語は同じで、述語部分で「またこうでもある」と付け加えるように言うときにも"也"が使われます。

她非常聪明，学习也很努力。

Tā fēicháng cōngming, xuéxí yě hěn nǔlì.

彼女は非常にかしこいが、また勉強も一生懸命する。

汉语发音很难，语法也并不容易。

Hànyǔ fāyīn hěn nán, yǔfǎ yě bìng bù róngyì.

中国語は発音が難しいですが、文法も決してやさしくはありません。

次に2つの文を比べてみましょう。下の文では"也"を2つ使っています。

她会做中国菜，也会做泰国菜。

Tā huì zuò Zhōngguócài, yě huì zuò Tàiguócài.

彼女は中国料理を作れますが、タイ料理も作れます。

她也会做中国菜，也会做泰国菜。

Tā yě huì zuò Zhōngguócài, yě huì zuò Tàiguócài.

彼女は中国料理も作れるし、タイ料理も作れます。

この2つの文は「中国料理とタイ料理の両方が作れる」という事実は同じですが、"**也**"を後半にだけ使ったほうが「これができて、

またこれもできる」と追加して述べている感じがするのに対して、"也"を2つ使ったほうは「これも、あれも、できる」とはじめから両方できることを言っている口調になります。同じように"**日本人也用筷子吃饭,中国人也用筷子吃饭。**"ならば「日本人も中国人も、ともに箸でごはんを食べます」と訳せます。

また"也"を2つ使うと、次のような「どちらでもいい」という文にもなります。

这个电影，我看也可以，不看也可以。
Zhège diànyǐng, wǒ kàn yě kěyǐ, bú kàn yě kěyǐ.
この映画は、私は見てもいいし見なくてもいい。

这次出差，你去也可以，他去也可以。
Zhècì chūchāi, nǐ qù yě kěyǐ, tā qù yě kěyǐ.
今回の出張は、君が行ってもいいし彼が行ってもいい。

誰も・何も・どこも…

さらに、"也"は"谁""什么""哪儿"などの疑問詞とともに、"谁也~（誰も~）""什么也~（何も~）""哪儿也~（どこも~）"のような語句を作ります。"也"＝「も」と簡単に言い切るのは危険ですが、ここでは「誰も／何も／どこも」の「も」が"也"なのです。そして、あとにはふつう否定文が来ます。

这样的衣服，谁也不想买吧。 Zhèyàng de yīfu, shéi yě bù xiǎng mǎi ba.
こんな服は誰も買いたがらないでしょう。

今天我太累了，哪儿也不想去。 Jīntiān wǒ tài lèi le, nǎr yě bù xiǎng qù.
今日私はとても疲れているので、どこへも行きたくない。

他的名字，我怎么也想不起来。 Tā de míngzi, wǒ zěnme yě xiǎngbuqǐlai.
彼の名前を、私はどうしても思い出せない。

同じように"**即使~**（たとえ~でも）""**不论／无论／不管~**（~であろうと／~に関わりなく）"など、「たとえどんな場合でも結果

は変わらない」ことを表わす語句のある文にも"也"が使われます。

即使我们反对，他也要去。
Jíshǐ wǒmen fǎnduì, tā yě yào qù.
たとえ私たちが反対しても、彼は行く。

无论有多大的困难，咱们也坚持到底吧。
Wúlùn yǒu duō dà de kùnnan, zánmen yě jiānchí dàodǐ ba.
たとえどんな大きい困難があろうとも、我々は最後までがんばろう。

不管你多么想参加，如果没有资格，你也参加不了。
Bùguǎn nǐ duōme xiǎng cānjiā, rúguǒ méi yǒu zīgé, nǐ yě cānjiābuliǎo.
たとえあなたがどんなに参加したくても、資格がなければ参加できません。

上のような文では"也"は後半の文の主語のうしろに置かれますが、だからといって"他也～（彼も～）""咱们也～（私たちも～）""你也～（あなたも～）"となるわけではなく、"也"は「どんな場合でも／どんな状況でも」と前の文の内容にかかっているのです。"也"がどこにかかっているか見極める、これが大事です。このような文では"也"だけで「たとえ～でも」の意味を表わすこともあります。

你不说我也知道。Nǐ bù shuō wǒ yě zhīdào.
= 即使你不说，我也知道。Jíshǐ nǐ bù shuō, wǒ yě zhīdào.
たとえあなたが言わなくても、私が知っている。

遇到多大困难，咱们也不能灰心。
Yùdào duō dà kùnnan, zánmen yě bù néng huīxīn.
= 无论遇到多大困难，咱们也不能灰心。
Wúlùn yùdào duō dà kùnnan, zánmen yě bù néng huīxīn.
たとえ大きな困難にぶつかっても、我々はくじけてはだめだ。

そして"甚至～（甚しきに至っては～すらある）""连～（～さえも）"を使った、極端な例を挙げる強調の文にも"也"が使われます。

最近忙得很，有时候甚至连吃饭的时间也没有。
Zuìjìn máng de hěn, yǒu shíhou shènzhì lián chīfàn de shíjiān yě méi yǒu.
最近はとても忙しくて、時々食事をする時間さえない。

这首歌在中国非常有名，连四五岁的孩子也会唱。
Zhè shǒu gē zài Zhōngguó fēicháng yǒumíng, lián sì wǔ suì de háizi yě huì chàng.
この歌は中国では非常に有名で、4、5歳の子どもでさえ歌える。

「一人もいない」「一言も言わない」「1回も行ったことがない」のように、日本語には数字の「一」を使った強調の文がありますが、これは中国語でも同じです。この"一"を使った文にも同じように"也"が使われます。

俄语，我一句话也不会说。 Éyǔ, wǒ yí jù huà yě bú huì shuō.
ロシア語は一言も話せません。

他走了以后，一封信也没给我写。
Tā zǒule yǐhòu, yì fēng xìn yě méi gěi wǒ xiě.
彼は行ってしまったあと、私に1通の手紙もくれない。

从一月到现在，一天假也没有。
Cóng yīyuè dào xiànzài, yì tiān jià yě méi yǒu.
1月から今まで、1日の休みもない。

こうして見てくると、多くの文で"也"を"都"に置きかえられることがわかるでしょう。事実、"无论／不论""甚至""连""一"そして疑問詞を使った文の中の"也"は、どれも"都"に換えることができます。

这样的衣服，谁都不想买吧。 Zhèyàng de yīfu, shéi dōu bù xiǎng mǎi ba.
こんな服は誰も買いたがらないだろう。

无论有多大的困难，咱们都坚持到底吧。
Wúlùn yǒu duō dà de kùnnan, zánmen dōu jiānchí dàodǐ ba.
たとえどんなに大きい困難があろうとも、我々は最後までがんばろう。

俄语，我一句话都不会说。 Éyǔ, wǒ yí jù huà dōu bú huì shuō.
ロシア語は一言も話せない。

しかし"都"と"也"を比べてみると、この２つの字の本来の意味から考えても"都"が「どんな場合も皆こうなる」というニュアンスがあるのに対して、"也"は「これも、またこれも～」と事柄を追加していく感じがします。

語気をやわらげる

最後にもう一つ、"也"には文の語気をやわらげる働きがあります。

你也不是小孩，自己的事自己做吧。
Nǐ yě bú shì xiǎohái, zìjǐ de shì zìjǐ zuò ba.
あなたも子どもではないんだから、自分のことは自分でしなさい。

考试的结果也不一定像你想的那样吧。
Kǎoshì de jiéguǒ yě bù yídìng xiàng nǐ xiǎng de nàyàng ba.
試験の結果も、必ずしもあなたが考えているようなものではないですよ。

このような文で、もし"也"がないと、直接的で硬い言い方になってしまいます。"也"によって「こういうことも言えるのではないだろうか」と一歩譲ったやわらかい言い方になるので、言われた方も、追求されたり追いつめられたりする感じがなくなるでしょう。日本語でも「あなたはわかっているでしょうが」より「あなたもわかっているでしょうが」と言われたほうが、感じがやわらかですね。

"也"の特徴は、ベースになる事実の上に「さらにこれも」と上乗せする感じを出すことです。"也"によって物事が追加されていき、それによって程度が上がることも表わせます。「～でさえも」「たとえ～であろうとも」の文に"也"が使われるのも、普段に比べてさらに厳しい条件や状態が付け加わることを述べているからです。

14 再 😮 目の前にある物事のもっと先へ

"**再见**（さようなら）"の"**再**"は、日本語でもよく使う漢字の一つです。「再」を使った語は「再開、再起、再現、再婚、再出発、再生、再審、再発行、再版、再燃…」とたくさんあり、どれも「一度やったことをまたやる／前にあったことがまた起こる」ことを表わしていますね。"**再见**"の"**再**"も「今会っている人にまた再び会う」ということですから、この点では日本語の「再」に近いと言えるでしょう。

▼「再び」だけではない？

对不起，刚才您说的话，我没听清楚，请再说一遍。
Duìbuqǐ, gāngcái nín shuō de huà, wǒ méi tīngqīngchu, qǐng zài shuō yí biàn.
すみません、さっき話されたことはよく聞きとれませんでした。どうぞもう一度おっしゃってください。

不会有再来这里的机会吧。 Bú huì yǒu zài lái zhèli de jīhuì ba.
再びここに来る機会はないでしょうね。

上の文の"**再**"は「また、再び」を表わしていますから、日本語の「再」と同じと考えていいでしょう。しかし中国語の"**再**"の表わす意味は「また、再び」だけに限らず、次のような場合にも使われます。

你特意来一趟，请再坐一会儿吧。 Nǐ tèyì lái yí tàng, qǐng zài zuò yíhuìr ba.
せっかくいらっしゃったのだから、もう少しゆっくりしていってくださいよ。

这种蛋糕，我还想再买两三个。
Zhè zhǒng dàngāo, wǒ hái xiǎng zài mǎi liǎng sān ge.
このケーキを、あと2、3個買いたいです。

再等他一会儿吧。 Zài děng tā yíhuìr ba.
彼をもうちょっと待ちましょう。

これらの文は、いずれも「今までやっていたことを、これからもさらにやり続ける」という内容です。たとえば3つめの文なら、すでに彼を待ったのですが、これからさらにもう少し待ってみよう、というわけですね。このような意味の"再"は仮定文にも使われます。

再不答复，大家就有意见了。
Zài bù dáfù, dàjiā jiù yǒu yìjiàn le.
これ以上答えないなら、みんな文句を言うだろう。

你要是再哭，一定会没有人跟你玩儿了。
Nǐ yàoshi zài kū, yídìng huì méi yǒu rén gēn nǐ wánr le.
これ以上泣くと、きっと遊んでくれる友達がいなくなってしまうよ。

この「これ以上」という意味から「これ以上どんなに」と意味が広がり、「どんなに～ても」の文でも"再"を使うことができます。

我再怎么劝，他也不听我的意见。
Wǒ zài zěnme quàn, tā yě bù tīng wǒ de yìjiàn.
私がどんなに忠告しても、彼はやはり私の意見を聞こうとしない。

我再怎么努力，我的英语水平也提高不了多少。
Wǒ zài zěnme nǔlì, wǒ de Yīngyǔ shuǐpíng yě tígāobuliǎo duōshao.
どんなに努力しても、私の英語のレベルはいくらも上がらない。

■ プロセスを経たあとで

一定の時間が過ぎたあと、あるいはあるプロセスを経たあとに何かする（何かが行なわれる）ことを言いたいときにも"再"が使われます。

今天有点儿忙，明天再商量一下吧。
Jīntiān yǒudiǎnr máng, míngtiān zài shāngliang yíxià ba.
今日はちょっと忙しいので、明日相談しましょう。

医生说，最好等感冒完全好了之后再开始练习游泳。
Yīshēng shuō, zuìhǎo děng gǎnmào wánquán hǎo le zhīhòu zài kāishǐ liànxí yóuyǒng.
お医者さんは、風邪がすっかり治ってから水泳の練習を始めるのが一番いいと言いました。

さらに「まず～をして、それから…をする」という手順をはっきり表わしたいときは"再"を"先"と一緒に使って"先～再…"という文にします。この"再"は"然后（しかる後に、そのあと）"に置きかえることができ、"然后再"と両方使ってもかまいません。

先参观一下，然后再开个座谈会。
Xiān cānguān yíxià, ránhòu zài kāi ge zuòtánhuì.
まずちょっと見学して、そのあと座談会を行ないます。

先打开箱子确认里面的配件再开始组装吧。
Xiān dǎkāi xiāngzi quèrèn lǐmiàn de pèijiàn zài kāishǐ zǔzhuāng ba.
まず箱を開けて中に入っている部品を確認してから組み立てはじめよう。

先把它用清水洗干净，再切成约四厘米的段。
Xiān bǎ tā yòng qīngshuǐ xǐgānjìng, zài qiēchéng yuē sì límǐ de duàn.
まず真水できれいに洗ってから、約4センチの小口切りにします。

この"先～再（然后）…"はプロセス・手順を表わすので、レシピや組み立て方などを書いた説明書によく使われています。"先"のあとに来ているのが文字通り「先にやること」、"再（然后）"のあとに来ているのが「そのあとにやること」です。

▼ "不"と一緒に使う

また、否定の副詞"不"に"再"が続き、そのうしろに動詞が続

く文があります。"不"と"再"の語順によって文の意味に微妙な違いができますから、それぞれ見てみましょう。

我已经学了两个小时，时间也不早，不想再学习了。
Wǒ yǐjīng xuéle liǎng ge xiǎoshí, shíjiān yě bù zǎo, bù xiǎng zài xuéxí le.
私はもう2時間勉強しました。時間も遅いので、もうこれ以上は勉強したくありません。

他明天不再来练习踢足球了。
Tā míngtiān bú zài lái liànxí tī zúqiú le.
彼は、明日はもうサッカーの練習に来ない。

他被老师说了一顿，不再调皮了。
Tā bèi lǎoshī shuōle yí dùn, bú zài tiáopí le.
彼は先生にしかられて、もういたずらをしなくなった。

上のような ["不" ＋ "再" ＋動詞] の文は、今までやっていたことを今後はこれ以上くり返してやらない（続けない）ことを表わし、わりあい客観的に事実を述べています。これに対して ["再" ＋ "不" ＋動詞] の文は次のように使われます。

请您原谅，我再也不说谎了。
Qǐng nín yuánliàng, wǒ zài yě bù shuōhuǎng le.
お許しください。もう二度と嘘はつきません。

那个餐厅菜也不好吃，服务员的态度也不好，我们以后再也不来了。
Nàge cāntīng cài yě bù hǎochī, fúwùyuán de tàidù yě bù hǎo, wǒmen yǐhòu zài yě bù lái le.
あのレストランは、料理はまずいし、従業員の態度もよくない。私たちはもう二度と行かないぞ。

比べてみると ["再" ＋ "不" ＋動詞] の文には「もう二度と、永遠に～ない」というような強い語気があり、"再"と"不"の間にはよく"也"が入ります。"以后再也不来了"ならば、「金輪際来てやるものか」と訳せるかもしれません。

形容詞の前に置く

"再"のあとには形容詞が来ることもあり、今以上にその傾向が強まることを表わします。

这种毛衣，有再大一点儿的吗？
Zhè zhǒng máoyī, yǒu zài dà yìdiǎnr de ma?
このセーターは、もう少し大きいのがありますか。

我的听力不太好，再慢一点儿说好吗？
Wǒ de tīnglì bú tài hǎo, zài màn yìdiǎnr shuō hǎo ma?
私の聞きとる力はあまりよくないので、もう少しゆっくり話してくれませんか。

"再"のあとに動詞が来たときと同様に「これ以上どんなに～（であっても）」と意味が広がり、"无论怎么～（どんなに～でも）"の文を作ることもできます。

她现在努力减肥，再饿也决不吃零食。
Tā xiànzài nǔlì jiǎnféi, zài è yě jué bù chī língshí.
彼女は一生懸命ダイエットをしていて、どんなにお腹がすいても間食をしません。

天气再冷，他们也在外边锻炼身体。
Tiānqì zài lěng, tāmen yě zài wàibian duànliàn shēntǐ.
天気がどんなに寒くても、彼らは外でトレーニングをする。

生词再多，他也能一看就记住。
Shēngcí zài duō, tā yě néng yí kàn jiù jìzhù.
新しい単語がどんなに多くても、彼は一度見たらしっかり覚えられる。

さらに、「これ以上どんなに～でも」という意味から、「これ以上～ということはない」という否定文にも使われます。

您答应做学生会的会长，那再合适没有了。
Nín dāying zuò xuéshēnghuì de huìzhǎng, nà zài héshì méi yǒu le.
あなたが学生会の会長を引き受けてくだされば、こんなにいいことはありません。

妈妈做的菜好吃得不能再好吃了。
Māma zuò de cài hǎochīde bù néng zài hǎochī le.
お母さんの作った料理は最高においしい。

这种桃子甜得不能再甜了。
Zhè zhǒng táozi tiánde bù néng zài tián le.
この桃は最高に甘い。

はじめの文は「あなたが引き受けてくれる」以上にふさわしいことはないわけですから、事実上それが一番ということです。下の2つの文は様態補語の中に"**再**"が使われています。「もうこれ以上はおいしくできない」ほど「おいしく」、「もうこれ以上甘くすることはできない」ほど「甘い」、つまり最高だと言っているのです。

私たちは「再」という字を見ると「再会」「再現」「再出発」のような「再び」というイメージにとらわれがちです。しかし中国語の"**再**"が表わす意味はもっと広く、時間やプロセス、程度の延長上に何かが起きたり、何らかの状態になったりすることを表わします。「再び〜する」という意味になるのもその一例にすぎません。大切なのは"**再**"が常に時間やプロセスを経た先のこと、現状の程度を超えた先のことを表わすということです。

15 又 — すでにある物事を積み重ねる

　日本語では「また」とひらがなで書くことが多いですが、「又」という漢字も使いますから"又"が「前にやったことをまたくり返す」「その上また〜と事実をさらに加えていく」意味を表わすことは、なんとなくわかるでしょう。"**看了又看**"と言えば「一度見てまた見た」ことになります。その動作の回数は合計2回とはっきり決まっているわけではなく、ともかく何度もくり返されたことを言っているのです。動詞がくり返されていなくても、"**又洗了**"なら、はじめて洗うのではなく、もう前に洗ったけれどまた洗ったということです。同様に、下のような"又"のある文が表わすのは、「またやった」ことばかりです。

这篇小说我以前看过一遍，最近又看了一遍。
Zhè piān xiǎoshuō wǒ yǐqián kànguo yí biàn, zuìjìn yòu kànle yí biàn.
この小説は前に一度読んだことがあるけれど、最近また読んだ。

我上午找小王，但是没找到，下午又去找他了。
Wǒ shàngwǔ zhǎo XiǎoWáng, dànshì méi zhǎodào, xiàwǔ yòu qù zhǎo tā le.
私は午前中に王さんを訪ねたが会えなかったので、午後また訪ねていった。

"再"とどう違う？

　前項で見てきたように、"再"にも同じ動作のくり返しを表わす働きがありました。では"再"と"又"の違いはどこにあるかというと、"再"は「今後あることがくり返される」ことを表わすのに対して、"又"は「あることがくり返し行なわれてしまった」ことを述べている、という点です。たとえば"**再见**（また会いましょう）"と言うとき、次の再会はこれからのことなので"再"を使います。"**又失败了！**（また失敗してしまった）"は「またやってしまった」の

ですから"又"になります。しかしまだ起きていないことでも、次のような文では"又"が使われます。

明天又是星期一了。Míngtiān yòu shì xīngqīyī le.
明日はまた月曜日だ。

下个月又轮到打扫卫生了。Xiàge yuè yòu lúndào dǎsǎo wèishēng le.
来月はまた掃除当番だ。

これらの文は、「もう月曜日になった／掃除当番になった」わけではないのですが、ある循環の中でまた巡ってくることを表わしています。「月曜になる直前／掃除当番になる直前」までまた来てしまった、という意味で"又"が使えるのです。"明天又是星期一了。"は「もうすぐ週末も終わり、明日からまた仕事だなあ」と思うときに、つい口から出てしまうことばですね。

また、次のように主語が複数ある文にも"又"が使われることがあります。動作をくり返すのは同じ人でなくてもいいわけです。

我试了一次，他又试了一次，但是这台机器怎么也开动不起来。
Wǒ shìle yí cì, tā yòu shìle yí cì, dànshì zhè tái jīqi zěnme yě kāidòngbuqǐlai.
私は一度やってみて、彼もまたやってみたが、この機械はどうやっても動かない。

この文では"…他也试了一次…"のように"也"も使えますが、どちらかと言えば、主語が違うときは"又"よりも"也"のほうが多く使われます。「(この人も) あの人も」「(これも) あれも」と主語に焦点が当たっているときは"也"を用い、ある動作や行為がくり返されることを強調したいときには"又"が使われるようです。

≡ くり返しのフレーズ

"又"が表わすのは、はじめに触れたような単なる動作のくり返しだけではありません。"又"は２つの["一"＋量詞] の間に入って、["一"＋量詞＋"又"＋"一"＋量詞] というフレーズを作り、次々

にくり返されることを表わします。このフレーズは「一つまた一つと花が咲きました」というようなリズミカルなフレーズになるので、よくおとぎ話などの文にも現れます。

一天又一天地过去了，可是他也没给我来信。
Yì tiān yòu yì tiān de guòqu le, kěshì tā yě méi gěi wǒ láixìn.
日一日と過ぎていったが、彼は私に手紙を寄こさなかった。

一群又一群的蜜蜂飞过来了。 Yì qún yòu yì qún de mìfēng fēiguòlai le.
一群そしてまた一群とミツバチが飛んできた。

また、[A 又 B, B 又 A] と2つの動詞を使い、2つの動作や行為が何度も交互にくり返されることを表わす言い方もあります。

鲁班把师傅给他的房屋模型，装了又拆，拆了又装，终于不知不觉学会了房屋的造法。
Lǔ Bān bǎ shīfu gěi tā de fángwū móxíng, zhuāngle yòu chāi, chāile yòu zhuāng, zhōngyú bù zhī bù jué xuéhuìle fángwū de zàofǎ.
鲁班は師匠が彼に与えた家の模型を、組み立ててはまたばらし、ばらしてはまた組み立てることをくり返した。そしてとうとう気づかないうちに家の造り方を会得していた。

他跑一阵又走一阵，走一阵又跑一阵，才赶上了跑在前边的同学。
Tā pǎo yízhèn yòu zǒu yízhèn, zǒu yízhèn yòu pǎo yízhèn, cái gǎnshangle pǎozài qiánbian de tóngxué.
彼はしばらく走ってはまた歩いたり、しばらく歩いてはまた走ったりとくり返し、やっと前を走るクラスメートに追いついた。

描写を積み重ねる

これまで見てきたのは主に動作や行為のくり返しでしたが、"又"は事実の積み重ねを表わすのにも使われます。

这家医院很干净，设备又很先进。
Zhè jiā yīyuàn hěn gānjìng, shèbèi yòu hěn xiānjìn.
この病院は清潔で、また設備も進んでいる。

第3章 文のニュアンスを整える語

这里环境很好，交通又方便，住着很舒服吧。
Zhèlǐ huánjìng hěn hǎo, jiāotōng yòu fāngbiàn, zhùzhe hěn shūfu ba.
ここは環境がよく、それに交通も便利だから、住みやすいでしょうね。

上の文ではそれぞれ前に述べた事実に加算するように、もう一つの事実を述べていて、後半に"又"が使われていますね。

2つ以上の"又"を使った文もあり、こちらは「～でもあり、また…でもあり、…」と事実を並列に述べています。

他又会说法语，又会说德语。
Tā yòu huì shuō Fǎyǔ, yòu huì shuō Déyǔ.
彼はフランス語も話せるし、ドイツ語も話せる。

李老师又很热情，教得又非常好。
Lǐ lǎoshī yòu hěn rèqíng, jiāode yòu fēicháng hǎo.
李先生は親切でもあり、また教え方も大変うまい。

このような文は、前の"又"を"既"に換えて"既～又…"の文にすることもできます。

他又会说法语，又会说德语。＝他既会说法语，又会说德语。

ただ"又～又…"の文が「～でもあり、また…でもある」と2つの事実を並列に述べているのに対して、"既～又…"の文は「～である」と1つの事実を述べたあとに「さらにまた」と積み上げていく感じがあります。いずれにしろ"又～又…"や"既～又…"の文では前に述べているのが良いことなら、うしろに述べているのも良いこと、前に述べているのが良くないことなら、うしろも良くないことでなければなりません。

这家餐厅的菜，又好吃，又不贵。
Zhè jiā cāntīng de cài, yòu hǎochī, yòu bú guì.
このレストランの料理はおいしくて安い。

15
又

这家餐厅的菜，又不好吃，又很贵。

Zhè jiā cāntīng de cài, yòu bù hǎochī, yòu hěn guì.

このレストランの料理はまずくて高い。

こうして見ると"又～又…"の文は"也～也…"の文に言いかえることができそうです。たしかに"又会说法语,又会说德语。"は"也会说法语，也会说德语。"とも言えます。しかし前半と後半で主語が同じときはふつう"又～又…"が使われ、前半と後半で主語が違うときは"也～也…"が使われます。また"也～也…"の文では、"也"のあとに来るのは動詞（句）だけで、形容詞（句）が来ることはできません。

また"又想学习，又不想学习"のように、2つの"又"のあとに反対の意味の動詞（句）が来ると、どっちとも言える微妙な状態を表わします。

法语，我又想学习，又不想学习。

Fǎyǔ, wǒ yòu xiǎng xuéxí, yòu bù xiǎng xuéxí.

フランス語は、勉強したくもあり、また勉強したくないような気もする。

この文では「おもしろそうだから勉強してみたいけれど、大変そうだからやっぱりしたくないような…」と決めかねていることを表わしています。"又认识又不认识"なら「知っているような知らないような」とはっきりしない様子、"又想结婚又不想结婚"なら「結婚したくもあり、したくなくもある」ということになります。

強調を表わす

このほかにも"而"とともに使ったり、前後に同じ形容詞を置いて強調を表わしたり、"又"はさまざまな表現で活躍しています。事実が加算されていくのですから、程度も当然上がっていきます。

他的工作迅速而又准确。 Tā de gōngzuò xùnsù ér yòu zhǔnquè.
彼の仕事は迅速かつ正確である。

她父亲做事总是谨慎而又谨慎。
Tā fùqin zuòshì zǒngshì jǐnshèn ér yòu jǐnshèn.
彼女のお父さんは何をやるにも謹厳この上ない態度だ。

強調と言えば、"又"は否定や反語の語気も強めることができます。

我心里有很多话要说，可是在她的面前又说不出什么话来。
Wǒ xīnli yǒu hěn duō huà yào shuō, kěshì zài tā de miànqián yòu shuōbuchū shénme huà lái.
胸のうちにたくさん話したいことがあったのに、彼女の前で何のことばも出てこなかった。

今天是平日，但是又遇上了交通堵塞。
Jīntiān shì píngrì, dànshì yòu yùshangle jiāotōng dǔsè.
今日はウィークデーなのに、交通渋滞に巻きこまれた。

上のような文では、文の前半から予想できることに反した事実が述べられ、後半の文に"又"が使われます。

"又"が表わすのは、すでにある物や事実があって、「その上にまた」何かが加算されることです。「加算する」というニュアンスから、さまざまな強調にも使われ、場合によっては「もう十分だ」「えっ、またなの？」とうんざりした語気も表わします。口うるさい上司がいなくなったと思ったら"**又回来了！**（また戻ってきた！）"、これはたまりませんね。

16 还　さまざまなニュアンスをプラス

　中国で買い物をしたり、レストランで注文したりするとき、お店の人によく"还要什么？（まだ何かご入用ですか）"と言われます。こう聞かれるのは、もうすでに何かを買ったり注文したりしたあとで、はじめから"还要什么？"と言われることはありません。それは"还"が「さらにプラスアルファ」ということを表わすからです。

端午节，中国人吃粽子，还有赛龙舟的习惯。
Duānwǔjié, Zhōngguórén chī zòngzi, hái yǒu sài lóngzhōu de xíguàn.
端午の節句に中国人はちまきを食べますが、さらにドラゴンボートレースの習慣もあります。

供电问题基本上解决了，可是还有上下水道的问题。
Gōngdiàn wèntí jīběnshang jiějué le, kěshì hái yǒu shàngxiàshuǐdào de wèntí.
電力供給問題は基本的に解決しましたが、まだ上下水道の問題があります。

▼ プラスするのはどんなもの？

　"还"の表わすプラスアルファの内容は数字や範囲であることもあり、「さらにその上」という意味を文に付け加えます。

这家商店卖日常用品，还卖一些食品。
Zhè jiā shāngdiàn mài rìcháng yòngpǐn, hái mài yìxiē shípǐn.
この店では日用品を売っていますが、ちょっとした食品も売っています。

这个公寓，房租一个月八万，还有电费，煤气费等，一共要付十一万左右。
Zhège gōngyù, fángzū yí ge yuè bāwàn, hái yǒu diànfèi, méiqìfèi děng, yígòng yào fù shíyīwàn zuǒyòu.
このアパートは家賃が1か月8万、それに電気代、ガス代等があるから、合計で11万ぐらいは要る。

"还"はまた［不但~而且…（~だけではなく…でもある）］の"而且"の代わりにも使われます。これも「一つの事実だけではなく、さらにもう一つの事実がある」ということを表わしています。

我们不但要复习课文，还要预习生词。
Wǒmen búdàn yào fùxí kèwén, hái yào yùxí shēngcí.
私たちは教科書の本文を復習するだけでなく、新出単語の予習もしなければならない。

我们不但要了解别人，还应该了解自己。
Wǒmen búdàn yào liǎojiě biérén, hái yīnggāi liǎojiě zìjǐ.
私たちは他人を理解するだけでなく自分のことも理解すべきである。

このように［不但~还…］で述べられる２つの事実は関連性のあるもので、しかも前に述べていることの更なる延長上にあるものです。

継続を表わす「今もなお」

次の文では、"还"がそれまでにやっていたことを今なおやり続けていることを表わしています。

弟弟还在自己的房间看电视。
Dìdi hái zài zìjǐ de fángjiān kàn diànshì.
弟はまだ自分の部屋でテレビを見ています。

他还在美国研究地球物理学。
Tā hái zài Měiguó yánjiū dìqiú wùlǐxué.
彼はまだアメリカで地球物理学を研究しています。

そして"还"は動作、行為だけではなく、事実や状態が相変わらず存続していることも表わすことができます。

老师说的话至今还留在我的心里。
Lǎoshī shuō de huà zhìjīn hái liúzài wǒ de xīnli.
先生の話したことが、いまだに私の心に残っています。

那场法庭的斗争现在还在继续。
Nà chǎng fǎtíng de dòuzhēng xiànzài hái zài jìxù.
その法廷闘争は現在もなお続いている。

この「いまだに」を表わす"还"のあとに否定の文が来る［还＋没（有）…］の文型も、完了や経験の文の否定「いまだに～ない」としてよく使われます。

别的人都来了，只有小陈一个人还没来。
Bié de rén dōu lái le, zhǐ yǒu Xiǎo Chén yí ge rén hái méi lái.
ほかの人はみんな来たけれど、陳くんだけがまだ来ていない。

我还没做完今天的作业。 Wǒ hái méi zuòwán jīntiān de zuòyè.
私はまだ今日の宿題をやり終えていない。

▼ 譲歩を表わす「それでもなお」

さらに"还"は"虽然～（～であるにもかかわらず）""即使～（たとえ～であっても）"などを用いた譲歩の文に使われ、「どんなことがあっても、それによる影響は受けない」という意味を表わします。「（どんな状況があっても）それでもまだ」なので"还"が使われるのです。

手术虽然已经成功，可是医生的态度还十分谨慎。
Shǒushù suīrán yǐjīng chénggōng, kěshì yīshēng de tàidù hái shífēn jǐnshèn.
手術はすでに成功したが、医者はまだ慎重な態度をとっている。

虽然几十年没见，你还显得很年轻。
Suīrán jǐshí nián méi jiàn, nǐ hái xiǎnde hěn niánqing.
数十年も会っていなかったけれど、君はいまだに若いね。

時には"虽然"などの接続詞なしで、"还"だけでも譲歩を表わします。

已经十二月了，天气还不很冷。 Yǐjīng shí'èryuè le, tiānqì hái bù hěn lěng.
もう12月だというのに、まだそう寒くはない。

老刘已经八十五岁了，还很健康。
Lǎo Liú yǐjīng bāshiwǔ suì le, hái hěn jiànkāng.
劉さんはもう85歳になるが、まだとても元気です。

また「～でさえも…であるのに」という譲歩の表現にも"还"が使われます。

煎鸡蛋我还做不好呢，怎么能做日本菜呢。
Jiānjīdàn wǒ hái zuòbuhǎo ne, zěnme néng zuò Rìběncài ne.
目玉焼さえうまくできないのだから、日本料理などどうして作れようか。

上海还去不了，怎么能去西藏。 Shànghǎi hái qùbuliǎo, zěnme néng qù Xīzàng.
上海さえ行けないのに、どうしてチベットに行けるというのか。

このような文では、まず一歩譲った例を挙げて「この程度のものさえ～なのに」と述べ、後半の「…はなおさらだ」に続けます。

比較の文で使う「さらにもっと」

"还"は前に述べたように、ある傾向がさらに助長されたり拡大されたりする意味も表わします。このためよく比較の文に用いられますが、その場合"还"のあとに来るのは「大きい／重い／強い」などプラスの意味の語です。

他比他哥哥还高。 Tā bǐ tā gēge hái gāo.
彼は彼のお兄さんよりさらに背が高い。

汉语也并不容易，但是俄语比汉语还难。
Hànyǔ yě bìng bù róngyì, dànshì Éyǔ bǐ Hànyǔ hái nán.
中国語も決してやさしくはないがロシア語はさらに難しい。

このような比較の文では、比べる対象（上の文では"他哥哥""汉语"）

も一定程度のレベルに達しています。それが「さらにもう一歩」強まる、ということを"还"が表わしているのです。この"还"は"更"に置きかえることができますが、"还"のほうが"更"より口語的です。

　上の文とは逆に、"还"のあとに「小さい／少ない／弱い」などのマイナスの意味の語や内容が来ることもあります。こちらは「まだこれだけ」という意味です。

现在还早，你多坐一会儿吧。
Xiànzài hái zǎo, nǐ duō zuò yíhuìr ba.
まだ早いのだから、もうちょっとゆっくりしていきなさいよ。

东京奥运会的时候，我还只有三岁。
Dōngjīng àoyùnhuì de shíhou, wǒ hái zhǐ yǒu sān suì.
東京オリンピックのとき、私はまだたった3歳だった。

你每天学习三十分钟英语？还不够吧！
Nǐ měitiān xuéxí sānshí fēnzhōng Yīngyǔ? Hái bú gòu ba!
あなたは毎日30分英語を勉強しているんですか。まだ足りないでしょ！

▼ 消極的な意味もある

　買い物などしているとき、"这件怎么样？（これ、どう？）"に対して"还好，还好。（まあまあいいわね）"という答えが返ってくることがあります。この"还"は「強いていえば～と言える」という意味で、これもよく使われる用法です。"还"のうしろに来るのは「いいこと」「肯定的な評価」ですが、手放しでそうだと言っているのではなく、「強いて言えば～と言える」「まあ～と言ってもいい」という消極的な語気を表わします。一応まだ「いい」なら「いい」の範疇に入っているということです。"还"のあとに動詞"算（～とみなす）"をつけることもあります。

上次考试的分数还算可以。Shàngcì kǎoshì de fēnshù hái suàn kěyǐ.
前回の試験の点数はまあまあだと言える。

这个工作还比较合适于我。 Zhège gōngzuò hái bǐjiào héshìyú wǒ.
この仕事はまあ比較的私に合っている。

上のような文では話し手の気持ちが表わされていますが、このほかにも"还"は、「それでもこうなるのか」というあきれた感情を表わしたり、反語文を作ったりするのに使われます。

你还是班长呢，不教导同学！
Nǐ háishi bānzhǎng ne, bú jiàodǎo tóngxué !
あなたは級長だというのに、クラスメートに教えてやらないなんて！

这么忙的时候，你还能请假吗？
Zhème máng de shíhou, nǐ hái néng qǐngjià ma ?
こんなに忙しいときに、あなたはそれでも休暇をとろうと言うのか。

"还"と反語文は一見関係がないように思えるかもしれませんが、「それでもなお（～と言うのか？）」ですから、"还"が使えるわけです。

"还"の基本的な意味は、やはり「さらに、その上」です。「その上」と言うからには前提になることがあり、それに上乗せされるのです。時間的に「その上」であれば、「まだ今でも」ということになります。傾向や程度を上乗せするなら「それでもまだ～」という意味になり、そこからさまざまな強調の表現に使われることになるのでしょう。

17 就 文をぎゅっと引きしめる

"就"は、「就寝、就任、就業、就職…」などの日本語でもおなじみの字です。中国語にも"就业""就学"などの単語がありますが、「就く」という意味の動詞としてはあまり使われず、活躍するのはもっぱら副詞の"就"です。漢文を勉強したことのある人なら"一~就…(ひとたび~するや、たちまちに…)"というフレーズをご存知かもしれません。いかにもさし迫った感じのする、これが副詞の"就"です。

緊張感のある副詞

副詞の"就"にはさまざまな使い方があり、辞書を引いても多くの訳が書いてありますが、ポイントは「"就"が入ると文が引きしまり緊張感が出る」ことです。

你的病并不严重，过几天就好。
Nǐ de bìng bìng bù yánzhòng, guò jǐ tiān jiù hǎo.
あなたの病気は重いものではない。何日かすれば、すぐよくなりますよ。

等一下，哥哥马上就回来。 Děng yíxià, gēge mǎshàng jiù huílai.
ちょっと待ってください。兄はすぐ帰ってきます。

开往广州的列车就要开了。 Kāiwǎng Guǎngzhōu de lièchē jiùyào kāi le.
広州行きの列車はまもなく発車します。

上の文の"就"はどれも「すぐに」という意味を表わしています。"过几天就好"と言えば、その病気は悪くなったりせず、2、3日すればもう治るのです。2つめの文も、お兄さんはすぐ帰って来るので、そう長く待つ必要はなさそうです。"马上"も「まもなく、もうすぐ」という意味の副詞ですが、よく"就"と一緒に使い、あわせて「ど

んどん事が進む」感じをよりいっそう強くします。3つめの文は[就要～了(まもなく～する)]という近い未来について述べる文型です。ちなみに近い未来のことを述べるには"快要～了"も使えますが、"快要～了"の文では時間を表わす語は使えません。"就要～了"なら時間を表わす語が使えるので、次のような文もできます。

开往广州的列车十一点三十分就要开了。
Kāiwǎng Guǎngzhōu de lièchē shíyī diǎn sānshí fēn jiùyào kāi le.
広州行きの列車は11時30分に発車します。

また、"就"は過去のことにも使われ、「そのときにはもう～」という意味を表わします。

他十岁就开始学书法了。Tā shí suì jiù kāishǐ xué shūfǎ le.
彼は10歳のときにはもう書道を習いはじめました。

他六点就回来了。Tā liù diǎn jiù huílai le.
彼は6時にはもう帰って来た。

上の文で"就"の前にあるのは時間を表わす語やフレーズです。その時点と、あることが始まった時点の間に時間の余裕がないので、「～のときにはもう…」という訳になるわけです。2つめの文からは「6時に帰ってきた」のを早いと感じていることがわかります。しかしちょっとことばを並べかえて"他回来就六点了。"とすると「彼が帰って来るともう6時になっていた」となり、帰ってきたのを遅いと感じていることになります。「中国語は語の並べ方で意味が決まる」とよく言いますが、そのいい例かもしれませんね。

2つのことが立て続けに起こることを表わすのにも"就"が使われます。

昨天晚上，我累得要死，躺在床上就睡着了。
Zuótiān wǎnshang, wǒ lèide yàosǐ, tǎngzài chuángshang jiù shuìzháo le.
昨日の晩、私は死ぬほど疲れていて、ベッドに横になるとすぐ寝入ってしまった。

他休息一会儿就走了。 Tā xiūxi yíhuìr jiù zǒu le.
彼はちょっと休むと、すぐ行ってしまった。

いずれも前の動作を受けて、ただちに次の動作を行なったことがわかります。

▇ "一"とあわせて使う

さらに"一"を用いて、はじめに述べたように［一～就…］の文型を作ると、「こうなったら続いて即こうなる」と2つのことが間髪を入れずに起こることを表わす文になります。英語の as soon as の意味ですね。

他一下课就去体育馆练习打排球。
Tā yí xiàkè jiù qù tǐyùguǎn liànxí dǎ páiqiú.
彼は授業が終わるやいなやバレーボールの練習に体育館へ行った。

他一冲过终点就晕倒了。 Tā yì chōngguo zhōngdiǎn jiù yūndǎo le.
彼はゴールするやいなや気を失って倒れてしまった。

この"一～就…"は動作が立て続けに行なわれることを表わすだけでなく、「ある条件があれば即こうする（こうなる）」という文も作ります。

他一有时间就去旅游。 Tā yì yǒu shíjiān jiù qù lǚyóu.
彼は時間があると旅行に行く。

我一喝酒就脸红了。 Wǒ yì hē jiǔ jiù liǎnhóng le.
私はお酒を飲むとすぐに顔が赤くなる。

他一看起书来就什么都听不进去。
Tā yí kànqǐ shū lái jiù shénme dōu tīngbujìnqu.
彼は本を読みはじめると、何も耳に入らなくなる。

"一"と"就"のあとにそれぞれ1字（あるいは2字）の語がつい

た、決まった言い方もあります。

　一听就明白　　ちょっと聞いたらすぐわかる
　一教就会　　　ちょっと教えるとすぐできる
　一请就来　　　ちょっと頼めばすぐ来てくれる

これらはまるで成語のように簡潔なので、会話の中でよく使われます。"**一请就来**"は「（私が）頼めば（あの人は）すぐ来てくれる」ということですから、"**请**"と"**来**"の主語は異なっています。
　[一～就…]を使った表現にはもう一つ、「一旦やりはじめると、いつもこういう結果になる」というものがあります。この文では"**就**"のあとに続くのは時間や物の量を表わすことばです。

他常去香港出差，一去就是几个星期。
Tā cháng qù Xiānggǎng chūchāi, yí qù jiù shì jǐ ge xīngqī.
彼はよく香港へ出張するが、一度行くと数週間になってしまう。

她练习弹钢琴非常认真，一弹就弹几个小时。
Tā liànxí tán gāngqín fēicháng rènzhēn, yì tán jiù tán jǐ ge xiǎoshí.
彼女は本当によくピアノの練習をし、弾きはじめると数時間は弾いている。

どれも、時間が長かったり物が多かったりすることについて、驚いたり、ちょっとあきれたりしている、そんな語気があります。

▽ 迷いのない結論を述べる

"**就**"はまた、仮定を表わす接続詞を使った文の後半に使われ、「こうであるなら、こうなる」という文を作ります。"**就**"の働きで、「こういう条件のもとでは、ほかの選択肢はなく、きっとこうなる（こうだ）」ということが表わせるのです。

你既然同意做这个工作，就应该好好儿做。
Nǐ jìrán tóngyì zuò zhège gōngzuò, jiù yīnggāi hǎohāor zuò.
あなたは、この仕事をやると同意したからにはちゃんとやるべきだ。

我不想见他，如果他去，我就不去了。
Wǒ bù xiǎng jiàn tā, rúguǒ tā qù, wǒ jiù bú qù le.
私は彼に会いたくない。もし彼が行くなら私は行かない。

只要你努力，就能实现自己的愿望。
Zhǐyào nǐ nǔlì, jiù néng shíxiàn zìjǐ de yuànwàng.
願いさえすれば、希望をかなえることができる。

迷いのない、きりっとした結論が感じとれる文になるのも"就"のおかげです。

このように、"就"は文に時間的な緊張感をもたらすだけでなく、戸惑いや余分なものを排除し、「ほかでもない」という強調の意味を添えます。

那就是天安门广场。 Nà jiù shì Tiān'ānmén guǎngchǎng.
あれが天安門広場です。

问题就在于他的学习态度。 Wèntí jiù zàiyú tā de xuéxí tàidù.
問題は彼の学習態度にあります。

上の文に"就"がなければ「あれは天安門です」という平坦な文になります。しかし"就"が入ると「あれが／あれこそが／あれがかの有名な／あれが私が言っていた…」と強調した語気がプラスされるのです。下の文も"就"の働きで「問題はほかにあるのではなく、まさにここにあるのだ」という意味になっています。

そして、この「ほかでもない」という意味は「限定する」ことにもつながります。

他们就有一个儿子。 Tāmen jiù yǒu yí ge érzi.
彼らには息子一人しかいません。

中文小说，我就有这一本。 Zhōngwén xiǎoshuō, wǒ jiù yǒu zhè yì běn.
中国語の小説はこの1冊しか持っていません。

就我一个人去参加也可以吗? Jiù wǒ yí ge rén qù cānjiā yě kěyǐ ma?
私一人だけ参加してもいいですか。

このほかに、話し手のきっぱりした気持ちを表わすのにも"**就**"が使われます。

你不做就不做，但不要插嘴。 Nǐ bú zuò jiù bú zuò, dàn bú yào chāzuǐ.
やらないならやらないでいいけれど、その代わり口出ししないで。

考试完就完了，现在后悔也没用。
Kǎoshì wán jiù wán le, xiànzài hòuhuǐ yě méiyòng.
試験は終わることは終わったのだから、今後悔しても無駄だ。

吃就吃吧。不吃的话，给妹妹。 Chī jiù chī ba. Bù chī de huà, gěi mèimei.
食べるなら食べなさい。食べないなら妹にあげなさい。

このきっぱりした語気は、会話の中で話を一区切りつけるときにも役立ち、よく次のような言い方をします。

这项工作的分担，就这么办吧。
Zhè xiàng gōngzuò de fēndān, jiù zhème bàn ba.
この仕事の分担は、こういうことにしよう。

那就这样吧。别的事情改天商量。
Nà jiù zhèyàng ba. Bié de shìqing gǎitiān shāngliang.
それじゃ、そういうことで。あとの事は後日また相談しよう。

このように"**就**"の1語で文は引きしまり、緊張感が生まれます。引きしめられるのは時間的なたるみだったり、決めかねる気持ちだったりと、さまざまです。"**就**"を入れた文と入れない文の両方が成り立つなら、声を出してその2つの文を読んでみてください。"**就**"によって文にメリハリが出ることがわかるようになるといいですね。

18

才　あれこれ手間どり、やっとのことで…

「今日の宿題は夜10時になってやっと終わった」と言いたいとき、中国語では次のようになります。

今天的作业晚上十点才做完。
　Jīntiān de zuòyè wǎnshang shí diǎn cái zuòwán.

今日の宿題は、ずい分時間のかかるものだったようですね。この「やっと」という手間どった感じを出すのが"才"の働きです。この「やっと」から広がる"才"のさまざまな意味を見てみましょう。

「～したばかり」

"才"は、動作が行なわれたり、あることが起こったりしてから、まだ時間が経っていないことを表わすことができます。「やっと～した（～になった）ばかり」という意味で、この"才"は副詞の"刚刚～（～したばかり）"に置きかえることができます。

他才大学毕业。 Tā cái dàxué bìyè.
　彼は大学を卒業したばかりです。

她才从出差回来。 Tā cái cóng chūchāi huílai.
　彼女は出張から帰ってきたばかりです。

"就"が「すぐに次の行動に移ること」を表わすというのは"就"の項でお話ししましたが、"才"は"就"とあわせて「～したばかりなのに、もう…した」という文も作ります。これは2つのことが立て続けに起こったことを表わす文ですが、ただ立て続けに起こったと客観的に述べるだけでなく、「（やっと）～したと思ったら、もう次のことが起こった」というちょっと驚いたり、あきれたりし

ている気持ちも表わせます。

他才回来就又出去了。 Tā cái huílai jiù yòu chūqu le.
彼は帰ってきたと思ったら、すぐ出かけてしまった。

他们才结婚就离婚了。 Tāmen cái jiéhūn jiù líhūn le.
彼らは結婚したと思ったら、すぐ離婚した。

"**才**"がありますから、1つめの文では「帰ってきた」のが決して早かったわけではなく、2つめの文によれば結婚までの道のりが決してスムーズだったわけではないのです。そうしてやっと結婚したのに、すぐ離婚してしまったことに、話し手は驚きあきれているのでしょう。

「やっとのことで」

「やっと〜したばかり」というのは実現が遅いことに通じます。実現の早さを表わす"**就**"の項に出てきた例文を思い出してください。この"**就**"を"**才**"に換えてみましょう。

他十岁就开始学书法了。
→ **他十岁才开始学书法。** Tā shí suì cái kāishǐ xué shūfǎ.
彼は10歳になって、やっと書道を習いはじめた。

他六点就回来了。
→ **他六点才回来。** Tā liù diǎn cái huílai.
彼は6時になってやっと帰ってきた。

"**就**"を使えば「10歳で書道を習い始める」のは早い、ということになります。しかし"**才**"を使うと、それは決して早くなく、むしろ遅いのだということがわかります。同じように、下の文では「6時に帰る」のが遅いと感じているのですから、これは朝の6時のことかもしれませんね。

では、もう少し"才"と"就"の文を比べてみましょう。次の2組の文では、どんな違いがあるでしょうか。

我回家就十点了。 Wǒ huíjiā jiù shí diǎn le.
私が家に帰ったら、もう10時になっていた（もうそんな遅くなっていた）。

我回家才十点。 Wǒ huíjiā cái shí diǎn.
私が家に帰ると、まだ10時だった（まだそれほど遅くない）。

两个人就翻译完这本书了。 Liǎng ge rén jiù fānyìwán zhè běn shū le.
2人でこの本を訳し終わった（たった2人でできた、と感じている）。

五个人才翻译完这本书。 Wǔ ge rén cái fānyìwán zhè běn shū.
5人がかりでやっとこの本を訳し終わった（5人がかりでやっとできた、と感じている）。

このように、"就"がスムーズに実現したことを表わすのに対して、"才"は実現するのに時間や手間がかかったことを表わすのです。次の2つの文も、"才"によって「やっとのことで」というニュアンスが出ていますね。

他念了几十遍才把那首诗背下来。
Tā niànle jǐshí biàn cái bǎ nà shǒu shī bèixiàlai.
彼は何十回も声に出して読んでやっとその詩を覚えた。

坚持不懈的努力达十年之久，才作为歌手获得了成功。
Jiānchí búxiè de nǔlì dá shí nián zhī jiǔ, cái zuòwéi gēshǒu huòdéle chénggōng.
苦節十年の末、歌手として成功した。

さらに"才"は、ある条件の提示を受けて「そうしてこそ、やっと～」という文を作ります。

亲自调查才能理解实际情况。
Qīnzì diàochá cái néng lǐjiě shíjì qíngkuàng.
自分で調査してこそ実情を理解することができる。

那样做才算得上是真正的领导。
Nàyàng zuò cái suàndeshàng shì zhēnzhèng de lǐngdǎo.
そうしてこそ本当のリーダーと言える。

天天练习才能提高英语水平。
Tiāntiān liànxí cái néng tígāo Yīngyǔ shuǐpíng.
毎日練習してこそ英語のレベルを上げることができる。

「実情を理解する」のも「本当のリーダーと言える」ようになるのも、そう簡単にできることはありません。前半に書かれている条件がクリアされて、それでやっと実現を見ることになるのです。その大変さを"才"が表わしています。

そして、数字や程度を表わす語のある文でも"才"が使われることがあります。この場合の"才"も、やはりある意味での「やっと」ということを表わしています。「どうにかこうにか、多く見積ってもやっと」なので、話し手はその数や程度をそう大きいものとは思っていないのです。

这次旅游才花了两万日元。 Zhècì lǚyóu cái huāle liǎng wàn rìyuán.
今回の旅行はたった2万円しかかからなかった。

她才比我早生一年。 Tā cái bǐ wǒ zǎo shēng yì nián.
彼女は私よりたった1年早く生まれただけだ。

他女儿才五岁，已经会背几首诗了。
Tā nǚ'ér cái wǔ suì, yǐjīng huì bèi jǐ shǒu shī le.
彼の娘はたった5歳で、もう数首の詩を暗唱できます。

強調を表わす"才"と"就"

また"才"は語気を強める働きもします。この中には、「こうしてこそ、これでこそ」という意味が感じられるものもあります。

他才是个名符其实的领导。 Tā cái shì ge míngfú qíshí de lǐngdǎo.
彼こそ名実ともに兼ねそなえた指導者だ。

这才是好的教育方法。 Zhè cái shì hǎo de jiàoyù fāngfǎ.
これこそすばらしい教育方法だ。

このような文の"才"は、「ほかでもない」という意味では"就"に似ているようです。この「これでこそ」の意味が薄れ、ただひたすら強調の働きをしている"才"もあります。

那么没意思的地方，我才不去呢。
Nàme méi yìsi de dìfang, wǒ cái bú qù ne.
あんなつまらない場所なんて行かないよ。

他们把这么讨厌的工作推给我，我才不干呢。
Tāmen bǎ zhème tǎoyàn de gōngzuò tuīgěi wǒ, wǒ cái bú gàn ne.
彼らはこんな嫌な仕事を私に押しつけようとしているけど、私は絶対やらないよ。

次のように、"才"と"就"がほとんど同じ意味になることもあります。

这次考试就有两道问题。 Zhècì kǎoshì jiù yǒu liǎng dào wèntí.
这次考试才有两道问题。 Zhècì kǎoshì cái yǒu liǎng dào wèntí.
今回の試験は問題が２題だけだった。

我们班就有三个留学生。 Wǒmen bān jiù yǒu sān ge liúxuéshēng.
我们班才有三个留学生。 Wǒmen bān cái yǒu sān ge liúxuéshēng.
私たちのクラスには３人しか留学生がいない。

これらの文では"就"や"才"を"只"に置きかえることができ、いずれも数が少ないことを述べています。日本語にすると同じになってしまうのですが、"就"を使った場合は、ほかのものを排除して「これだけ」と言っているのに対して、"才"には「せいぜいこれくらいの数だ」というニュアンスがあり、その数への感じ方には違いがあります。

こうして見てみると、"才" には「そう簡単にはいかない」ということを表わす力があるようです。[~才能…（~してはじめて…できる）] という言い方がありますが、私たちも "**好好学习才能学好"才"的用法。**" と言えますね。

コラム

映画に見ることばの空気

　学校や本で学んだ中国語は実際にはどんな場面でどのように使われるのだろう、本当に中国人はこう言うのだろうか、などと不安に感じたことはありませんか。中国で暮らしているのでもない限り、生きた中国語に触れる機会はそう多くありませんから、なかなか自信が持てないかもしれませんね。

　そんな不安を若干なりとも解決し、しかも楽しく勉強できる方法の一つは映画やDVDを見ることかもしれません。私が中国語の勉強を始めたばかりのころは、日本で中国映画を見る機会はそう多くありませんでした。しだいに日本に来る映画も増えてはきましたが、それでも「中国映画祭」とか「中国映画週間」などという催しがあると、見逃すまいと熱心に見に行ったものです。今はケーブルテレビなどで見ようと思えばいつでも見られますし、有名な映画ならほとんどDVDになっています。映画の中で話されている中国語はまさに生きた中国語なわけですから、そこからたくさんのことを学べるでしょう。特にDVDならくり返し見ることができ、気になるところは何度もチェックできます。

　"少"の項でお話しした張芸謀（チャン・イーモウ）監督の『あの子を探して』は、私も原題《一个都不能少》を見て、「中国語のタイトルはこう言うんだ」と妙に納得してしまいました。たった13歳の代用教員の（役目をするこ

とになった)女の子が、町へ出稼ぎに行った男の子を捜しに行く話です。"**少**"には形容詞のほかに「不足する、欠ける」という動詞の使い方があることは知っていましたが、**《一个都不能少》**というタイトルを見て、何だか小さな発見でもしたような気がしました。さらにはこの"**都**"が、90ページで見た「〜さえも」を表わす"**都**"なのです。そういえば同じ監督の『活きる』という映画の原題《活着》を見たときにも「ちゃんと継続を表わす"**着**"がついている!」と感心したものです。こんなふうに映画のタイトルからも、なかなかためになる発見があります。

　懐かしくなって『あの子を探して／一个都不能少』を改めて見ると、「学生たちにこういう場面を見てもらえれば、あの文型(あるいは表現)も頭にすーっと入るだろうなあ」というようなシーンがたくさんありました。小学校の先生や村長さんが代用教員の仕事を説明する場面で、人馴れしていない主人公の女の子は、何を言われてもただもじもじしています。すると先生や村長さんが"**听见了，没有？**"と何度も尋ねます。女の子の反応がないので、結果補語の"**见**"を使って「ちゃんと聞こえているのか」と聞いているのです。そして「こんな女の子一人じゃ、生徒みんなをちゃんと見られないだろう」と言うときには"**看不住**"を使っています。安定を表わす結果補語"**住**"を使い、"**看住**"しようとしてもできないので"**看不住**"と可能補語の否定形にしているのです。また、先生が女の子に「何ができるのだ」と聞くところでは"**你都会什么？**"と言っています。できることを全部言ってほしいので"**都**"を使っているのです。結局女の子は板書したものを生徒たちに写させるこ

とになるのですが、使うチョークを数えるのには"**一对儿，两对二，三对儿…**（二の、四の、六の…）"と"**对**"が使われています。このように映画の冒頭の部分だけでも、気をつけて見ていると"**都**""**对**"の項で勉強したことが実際の生きたセリフになって現れているのです。

　また、今は国際的な女優になっている章子怡（チャン・ツィイー）が一躍有名になった映画『初恋のきた道』をご覧になれば、最後のほうで主人公が"**这就是父亲和母亲的故事。**（これが父と母の物語だ）"と語っています。まだ中国語を勉強しはじめて日の浅い方でも「あ、聞きとれた」とうれしくなるでしょう。ここでもしっかり"**就**"が使われていますね。

　映画には方言や訛りなど、私たちにはわかりにくいところも多いのですが、何度も見て聞いているうちにたくさんの発見があるはずです。そしてまた中国語の持つ独特のリズムと空気も味わうことができるのではないでしょうか。

第4章

可能性や意志を表わす語

中国語で「～できる」「～だろう」「～したい」などと言いたいときに便利なのが助動詞です。"能"のように意味のつかみやすいものでも、その実態はなかなか複雑。似たような意味をもつ語との使い分けが、助動詞をマスターするための要点と言えそうです。また、"会"や"要"は動詞としても使われるのでちょっと紛らわしいですね。

ここでは、同じような意味を表わしながら、それぞれ違う個性を持った助動詞たちを見ていきましょう。

19 能 ☺ 「できる」を表わす代表選手

"能"は「できる」という意味を表わすことばです。しかし日本語の「できる」を中国語に訳すと、いつも"能"になるわけではありません。「できる」は"会"や"可以"にもなるからです。中国語では「どんな意味でできるのか」によって異なる語を使うのです。

助動詞「できる」

"能"は助動詞で、うしろに来るのはできることの内容を表わす動詞（句）です。

不满规定的人数，夏季讲座不能开课。
Bù mǎn guīdìng de rénshù, xiàjì jiǎngzuò bù néng kāikè.
定員に満たないので夏期講座は開講できません。

你能吃很辣的菜吗？ Nǐ néng chī hěn là de cài ma?
あなたは辛い料理が食べられますか。

黑板上的字，你们能看得见吗？
Hēibǎn shang de zì, nǐmen néng kàndejiàn ma?
黒板の字は、みなさん見ることができますか。

可能を表わす助動詞の中で、"能"は一番幅広く使われます。ですから"能""会""可以"のどれを使えばいいのかわからなくなったときには、"能"と言えば、中国人には何とかわかってもらえます。

しかし、必ず"能"を使わなければならない場合もあるのです。次の文を見てください。

下午，你能跟我一起练习会话吗？
Xiàwǔ, nǐ néng gēn wǒ yìqǐ liànxí huìhuà ma?
午後、私と一緒に会話の練習ができますか。

今天不行，但是明天我能来。 Jīntiān bù xíng, dànshì míngtiān wǒ néng lái.
今日はだめですが、明日は来られます。

我完全没有经验，这么难的工作我不能接受。
Wǒ wánquán méi yǒu jīngyàn, zhème nán de gōngzuò wǒ bù néng jiēshòu.
私には全然経験がありませんから、こんなに難しい仕事は引き受けられません。

このように、「あることをするための条件がそろっているからできる」ことを表わすには"**能**"が使われ、その否定には"**不能**"が使われます。上の文では「時間があるか」「都合がつくかどうか」などの条件について言っていますね。

練習によって何かができるようになる、そういう意味の「できる」には"**会**"を使いますが、同じことでも「どれくらいのレベルまでできるのか」を言うときには"**能**"が使われます。

我哥哥能游五百米。 Wǒ gēge néng yóu wǔbǎi mǐ.
私の兄は500メートル泳げます。

你打电脑一分钟能打多少个字？
Nǐ dǎ diànnǎo yì fēnzhōng néng dǎ duōshao ge zì?
あなたはパソコンで1分間に何字入力できますか。

他能看懂中文小说。 Tā néng kàndǒng Zhōngwén xiǎoshuō.
彼は中国語の小説を読んで理解することができる。

上の2つの文は具体的な数字によって、その人の能力がどれくらいまで達しているのかを表わしています。「この程度できる」ということです。"**只能游十五米**（15メートルしか泳げない）"のようにレベルが低い場合もあるでしょうが、ともかく「程度、レベル」の話なら"**能**"が使われます。3つめの文にはそのような具体的な数字はありません。しかし、ただ単に中国語ができるというのではなく、「中国語の小説を読んで理解することができる」というレベルに達していることを言っています。ですからやはり"**能**"を使う

ことになるのです。

このほか、ある作用を持っていて何かを可能にする場合にも"能"が使われます。

维生素能预防感冒。 Wéishēngsù néng yùfáng gǎnmào.
ビタミンは風邪を予防することができる。

香草茶能缓和紧张的情绪。 Xiāngcǎochá néng huǎnhé jǐnzhāng de qíngxù.
ハーブティーは緊張をやわらげることができる。

壁虎弄干后能做中药。 Bìhǔ nònggān hòu néng zuò zhōngyào.
ヤモリは乾燥させて漢方薬にできる。

中国語には"能说会道（口がうまい）"という言い方がありますが、"能"は「～するのがうまい」という意味も表わせます。この場合ふつう目的語は要りません。"他能写。"と言えば「彼は字を書くのがうまい」ことになり、"你能喝吧。"と言われたら「あなたはお酒が強いんでしょ」という意味です。これは日本語と同じで、「飲めるんでしょ」と言われたら、ふつう「お茶が飲める」ことだと思う人はいませんね。

可能性を表わす

"能"は「できる」のほかに「そういうことがありうる」と可能性を表わすのにも使われます。

他最近非常忙，明天能来吗？
Tā zuìjìn fēicháng máng, míngtiān néng lái ma?
彼は最近とても忙しいが、明日は来られるのだろうか。

今年的成绩不太理想，经理能满意吗？
Jīnnián de chéngjì bú tài lǐxiǎng, jīnglǐ néng mǎnyì ma?
今年の業績はあまり良くないけれど、社長は満足するだろうか。

分数那么高，哪儿能考不上？ Fēnshù nàme gāo, nǎr néng kǎobushàng?
点数がそんなに高いのだから、合格しないことがありえようか。

1つめの文は「来ることができるだろうか」という可能の文とも、「(可能性として)来るだろうか」という文とも受けとることができます。このような可能性を表わす"能"は疑問文や否定文で多く使われます。この"能"に似た語に"可能"がありますが、"可能"は「～の可能性がある」というよりは「おそらく～だろう」という推量の意味が強く、副詞なので、"他可能会来吧。(彼はおそらく来るでしょう)"のように助動詞と一緒に使うこともできます。

また"能"は「そういうことをやって許される」という意味も表わせます。「道徳的に、あるいは人間の感情として許される」場合もあれば、「状況的に見て許される」場合もありますが、このような意味の"能"も、もっぱら否定文と疑問文で使われます。

我们不能抛弃遭遇困难的朋友。
Wǒmen bù néng pāoqì zāoyù kùnnan de péngyou.
私たちは困難に直面している友だちを見捨てることはできない。

我们不能只顾眼前的利益。 Wǒmen bù néng zhǐ gù yǎnqián de lìyì.
私たちは目先の利益ばかり考えてはだめ。

这儿能用信用卡买东西吗？ Zhèr néng yòng xìnyòngkǎ mǎi dōngxi ma？
ここではクレジットカードで買物ができますか。

现在不能抽烟的地方越来越多。
Xiànzài bù néng chōuyān de dìfang yuè lái yuè duō.
今タバコが吸えない場所がどんどん増えている。

"能"そのものは比較的わかりやすい語ですが、ほかの助動詞との使い分けを正確にできるかどうかが大きなポイントです。

20 会　練習してこそ上手にできる

"你会说英语吗？（あなたは英語が話せますか）"これは日常会話でよく使われるフレーズです。"会"は「できる」ことを表わす助動詞で、英語で言えば can に当たりますが、じつは"会"には動詞としての使い方もあるため"你会英语吗？"と言うこともできます。ただ、中国語は日本語に比べてより具体的に述べる傾向があり、発音も決してやさしくないので、我々外国人が話すときには"你会说英语吗？"と少しでも長く言って、相手にちゃんと聞きとってもらったほうがいいでしょう。

練習して身につけて「できる」

"会"も"能"と同じく「できる」という意味ですが、「練習などによってある技能を身につけた」上での「できる」を表わします。たとえば水泳を例にとってみると、私たちは魚と違って、学校や水泳教室で習ってようやく泳げるようになりますね。これが"会游泳（泳ぐことができる、泳げる）"です。ほかにも"会"を使う「できる」の例を見てみましょう。

会说德语	ドイツ語が話せる
会说上海话	上海語が話せる
会说维吾尔语	ウイグル語が話せる
会打篮球	バスケットボールができる
会滑冰	アイススケートができる
会打高尔夫球	ゴルフができる
会弹钢琴	ピアノが弾ける
会拉小提琴	バイオリンが弾ける

会唱歌	歌が歌える
会骑自行车	自転車が乗れる
会开车	車の運転ができる

お酒もタバコも"**会喝酒**（お酒が飲める）""**会抽烟**（タバコが吸える）"と言います。確かにお酒が飲めるようになるにも、ある種の訓練が必要なのかもしれません。

"**会游泳**（泳げる）"の人が、けがや病気で泳げなくなったときには"**不能游泳**（泳げない）"と言いますが、その人がまた泳げるようになったときには"**会**"は使えず"**能游泳**（泳げる）"とします。この「泳げる／泳げない」は体の状態などの条件で決まったことだからです。また"**能**"の項で述べたように、「泳げる」にレベルを表わす要素が加わると"**能**"が使われ、"**会**"は使いません。こうして見ると「できる」の"**会**"の使用範囲は"**能**"ほど広くないようです。

> **北京菜，上海菜，四川菜，广东菜，她什么都会做。**
> Běijīngcài, Shànghǎicài, Sìchuāncài, Guǎngdōngcài, tā shénme dōu huì zuò.
> 北京料理、上海料理、四川料理、広東料理、彼女は何でも作れる。

> **他会开车，但是今天已经喝酒了不能开。**
> Tā huì kāichē, dànshì jīntiān yǐjīng hē jiǔ le bù néng kāi.
> 彼は車の運転ができるが、今日はもうお酒を飲んでしまったので運転できない。

> **日本人不一定会唱日本民歌。**
> Rìběnrén bù yídìng huì chàng Rìběn míngē.
> 日本人なら日本の民謡が歌えるとは限らない。

2つめの例文で、"**会**"と"**能**"の使い方をしっかりチェックしてください。"**会开车**"の「彼」も、「お酒を飲んだ」という条件のもとでは"**不能开（车）**"となるわけです。

20 会

上手なことを表わす

"能"の項でも出てきた**"能说会道（口がうまい、弁が立つ）"**という言い方のとおり、"会"も「何かをするのがうまい」という意味を表わすのに使われます。

你真会讲，我简直入了迷连时间也忘了。
Nǐ zhēn huì jiǎng, wǒ jiǎnzhí rùle mí lián shíjiān yě wàng le.
あなたは話がうまくて私は聞き入ってしまい、時間が経つのも忘れてしまった。

你很会模仿，我以为是真的小鸟在叫呢。
Nǐ hěn huì mófǎng, wǒ yǐwéi shì zhēn de xiǎoniǎo zài jiào ne.
あなたは物まねがうまいですね。私は本物の鳥が鳴いていると思いました。

王老师真会开玩笑，经常逗我们笑。
Wáng lǎoshī zhēn huì kāi wánxiào, jīngcháng dòu wǒmen xiào.
王先生は本当に冗談がうまくて、いつも私たちを笑わせる。

可能性を表わす

"会"は「できる」のほかに、可能性を表わすのにも使われます。これも"能"と共通していますが、"会"はより高い可能性を表わし、副詞の**"一定（きっと）"**や語気助詞の**"的"**とも相性がよく、しばしば一緒に使われます。

今天的宴会他一定会来。Jīntiān de yànhuì tā yídìng huì lái.
今日の宴会に彼は必ず来るはずだ。

她一定会知道更详细的消息。
Tā yídìng huì zhīdào gèng xiángxì de xiāoxi.
彼女はきっともっとくわしい情報を知っているはずだ。

这次选举他一定会当选的。
Zhècì xuǎnjǔ tā yídìng huì dāngxuǎn de.
今度の選挙で彼はきっと当選するに違いない。

可能性を表わす"会"は肯定文だけではなく疑問文や否定文にも

第4章　可能性や意志を表わす語

使われ、「そんなことがあるだろうか」と可能性を疑ったり、「そんなことがあるはずがない」と可能性を否定したりする文を作ります。

我没告诉他，他怎么会知道这个事情？
Wǒ méi gàosu tā, tā zěnme huì zhīdào zhège shìqing?
私は彼に言っていないのに彼はなんでこのことを知っているの？

今天有考试？不会吧。Jīntiān yǒu kǎoshì? Bú huì ba.
今日試験があるって？　そんなはずないでしょう。

他这个人很固执，不会听你的。
Tā zhège rén hěn gùzhí, bú huì tīng nǐ de.
彼は頑固な人間だから、あなたの話を聞くわけはない。

"会"と"能"はともに可能性を表わす語として使えますが、"不会吧。（そんなはずはないでしょう）"のように感情が強く出るときは、やはり"能"より"会"のほうがふさわしいようです。

她已经结婚了。Tā yǐjīng jiéhūn le.——不会吧！　Bú huì ba!
彼女はもう結婚しちゃったよ。——えっ、そんなことありえない！

こんなふうに、うしろの動詞なしで"不会吧！"と言うと、驚いた気持ちや信じたくないという気持ちが表わせます。

"会"は「できる」という可能と「違いない」という可能性を表わす語ですが、そのどちらであるかは、前後関係から考えると比較的容易にわかるのではないでしょうか。"**一定会～**""**不会～**"などは、話し手の「そうであってほしいなあ」という気持ちが感じられる言い方ですね。

21

可以 許可や条件があってできる

「学生も参加できますか」を中国語にすると、"**学生也可以参加吗？**"になります。「参加できる」ですから「可能」を表わしているとも言えますが、可能は可能でも「そうしてもいい」「そうすることが許される」という意味です。「このパンフレットをもらってもいいですか」「FAXでお知らせしてもいいですか」「値札は取ってしまっていいですか」など、日常生活の中で「～してもいいですか」は本当によく使われる文型ですね。

許可を表わす

それでは、「～していい」の例をいくつか見てみましょう。

这里可以用信用卡付钱吗？ Zhèli kěyǐ yòng xìnyòngkǎ fùqián ma?
ここはクレジットカードで払ってもいいですか。

可以进来吗？ Kěyǐ jìnlai ma?
入ってもいいですか。

没有绍兴酒的话，用日本酒也可以。
Méi yǒu shàoxīngjiǔ de huà, yòng Rìběnjiǔ yě kěyǐ.
紹興酒がなければ、日本酒を使ってもいいです。

1つめの文は"**这里用信用卡付钱，可以吗？**"と先に用件を言ってしまい、そのあとに"**可以吗？**"をつけることもできます。"**用日元付钱，可以吗？（日本円で払ってもいいですか）**""**用日文写，可以吗？（日本語で書いてもいいですか）**"などは旅行中によく使うフレーズですね。その用件の部分が中国語でうまく言えなかったら、ジェスチャーで相手に示し、そのあとに"**可以吗？**"と付け加えても、相手にわかってもらえるものです。2つめの文も、人の部屋を

ノックしたあとなどによく用いられるフレーズです。「入って行く」なので"进去"を使いそうですが、英語の"May I come in?"と同じように、相手の場所を中心に考えて"进来"を使います。3つめの文は"可以"を述語として使っていますが、このようなときはよく"也"とあわせて、"～也可以"という形にします。

「～していい」という意味の"可以"の否定は、「～することは許されていない」というニュアンスを強く表わす場合には"不可以"でもいいのですが、ふつうは"不能"のほうが多く使われます。また単独で「だめ！」と言うときには"不行"ということが多いようです。

我一个人去也可以吗？ Wǒ yí ge rén qù yě kěyǐ ma?
——不行，跟朋友一起去吧。 Bù xíng, gēn péngyou yìqǐ qù ba.
私一人で行ってもいいですか。——だめです。友達と行きなさい。

图书馆里不能（不可以）吃东西。 Túshūguǎn li bù néng (bù kěyǐ) chī dōngxi.
図書館の中ではものを食べてはいけません。

都合がよくて「できる」

"可以"と言うと「～していい」という印象が強いのですが、ふつうに「できる」という意味の使い方もあります。この"可以"は"能"と取りかえることもできますが、"可以"が使えるのは主に「都合がいいのでできる」という場合に限られ、「あることをするのが得意だ」「あるレベルに達している」のような「能力」と関係のある「できる」には使えません。

这本词典哪儿都可以（能）买到。 Zhè běn cídiǎn nǎr dōu kěyǐ (néng) mǎidào.
この辞書はどこでも買うことができる。

这辆车可以（能）坐五个人。 Zhè liàng chē kěyǐ (néng) zuò wǔ ge rén.
この車は5人乗れます。

この「できる」を表わす"可以"の否定にも、ふつう"不可以"ではなく"不能"を使います。また可能補語の否定形もよく使われます。

那辆汽车不能坐五个人。／那辆汽车坐不了五个人。
あの車には5人は乗れません。

写作的作业，我今天可以写完。 Xiězuò de zuòyè, wǒ jīntiān kěyǐ xiěwán.
作文の宿題は、今日書き終えることができました。

写作的作业，我今天不能写完。／写作的作业，我今天写不完。
作文の宿題は、今日書き終えることができませんでした。

価値がある

助動詞の"可以"は、「～していい」の意味の延長として「～するだけの価値がある、～に値する」という意味も表わせます。「それだけの価値があるからしてもいい」というわけですね。同じように「～する価値がある」を表わす語には"值得"があり、"值得一读(一読に値する)"は日本語でもなじみのある言い方です。この"可以"の否定には"不可以"を用いず、"不值得"が使われます。

伦敦的自然史博物馆可以去参观参观。
Lúndūn de Zìránshǐ bówùguǎn kěyǐ qù cānguāncānguān.
ロンドンの自然史博物館は見学するに値する。

这本书可以看一看。 Zhè běn shū kěyǐ kàn yi kàn.
この本は読んでみる価値がある。

这本书不值得一看。 Zhè běn shū bù zhíde yí kàn.
この本は読んでみる価値がない。

形容詞の2つの使い方

さらに、"可以"には形容詞としての使い方があります。"还"とともに使われる"还可以"は「悪いわけではないが特別いいわけでもない、まあまあだと言える」という意味です。

他的工作态度还可以，但是不能说理想。
Tā de gōngzuò tàidù hái kěyǐ, dànshì bù néng shuō lǐxiǎng.
彼の仕事の態度はまあまあですが、理想的とは言えません。

她做的麻婆豆腐，味道还可以。 Tā zuò de mápódòufu, wèidao hái kěyǐ.
彼女の作る麻婆豆腐はまあまあの味だ。

"还可以"の"可以"とは矛盾するようですが、一方で程度が高いことを表わす"可以"もあります。

这道题难得真可以，谁能解答呀。
Zhè dào tí nánde zhēn kěyǐ, shéi néng jiědá ya.
この問題は難しすぎる。誰が解けるというのだ。

你真可以，肯和那么不好对付的人来往。
Nǐ zhēn kěyǐ, kěn hé nàme bù hǎo duìfu de rén láiwǎng.
あなたはよくもまあ、あんなに気難しい人と付き合うなんて。

他真可以，办自己的私事用公司的汽车。
Tā zhēn kěyǐ, bàn zìjǐ de sīshì yòng gōngsī de qìchē.
彼はちゃっかりしている。私用に会社の車を使うなんて。

これらの文では、程度が高いことを「望ましくないもの、困ったもの」と感じています。1つめの文の"难得"は、"太难了"に置きかえられます。下の2つのような文では、"真可以"の部分は状況によってさまざまな訳し方ができるでしょうが、ともかく甚しい、ということを表わしており、話し手は「よくもそこまで」と驚きつつ、ややあきれ気味なことがわかります。このような"可以"の前には"真"がつけられるのがふつうです。

こうした口語的な表現も知っていれば、小説を読んだり映画を見たりするときにきっと役立つでしょう。しかし、"可以"の基本はやはり「～していい」ですから、まずはその使い方をしっかり理解しておいてくださいね。可以吗?

22 要 ☹ きっぱりした意志を表わす

"还"のところでもお話ししましたが、中国で買い物をしていると、よく店員さんに"还要什么？（あと何が要りますか）"と聞かれます。日本語のやわらかい言い方に慣れていると、"要吗？（要りますか）"などと言われたらちょっとドキッとしてしまいますよね。日本語なら「ほかに何か…」と婉曲にぼかすかもしれません。中国語の会話は「具体的に言うべきことは言う」というのが基本なのだと痛感させられる瞬間です。この"要"は動詞ですが、"要"には動詞のほかに助動詞、接続詞の使い方があります。

必要を表わす

まずは動詞の"要"から見ていきましょう。動詞の"要"のあとには名詞（句）が続き、「ほしい」「要る」「（時間やお金が）かかる」などの意味を表わします。

我要一本英汉词典。 Wǒ yào yì běn Yīng-Hàn cídiǎn.
私は英中辞典が1冊ほしいです。

我想要朋友，不要对象。 Wǒ xiǎng yào péngyou, bú yào duìxiàng.
私は友達がほしいです。恋人はほしくありません。

干洗这件连衣裙要几天？ Gānxǐ zhè jiàn liányīqún yào jǐ tiān?
このワンピースをドライクリーニングするのに何日かかりますか。

2つめの文のように、動詞"要"の否定は"不要"です。動詞"要"はこのほかに「自分に（あるものを）くれるよう（人に）要求する」「（人に）（こうしてくれと）望んだり要求したりする」という意味もあります。そして後者のような意味のときには、"要"の目的語がそのうしろの動詞句の主語を兼ねる、兼語文がよく使われます。

第4章　可能性や意志を表わす語

他是浪荡子，经常跟妈妈要钱。
Tā shì làngdàngzǐ, jīngcháng gēn māma yào qián.
彼はドラ息子で、しょっちゅう母に金をくれと言っている。

他一直帮助我们，却从来没跟我们要过什么回报。
Tā yìzhí bāngzhù wǒmen, què cónglái méi gēn wǒmen yàoguo shénme huíbào.
彼はずっと私たちを助けてくれたのに、今まで私たちに何の見返りも要求したことがない。

公司要他接受这项工作。Gōngsī yào tā jiēshòu zhè xiàng gōngzuò.
会社は彼にこの仕事を引き受けるよう要求している。

他要我在这个星期之内还钱。Tā yào wǒ zài zhège xīngqī zhī nèi huán qián.
彼は私に今週中にお金を返すよう要求してきた。

願望と意志を表わす

次に助動詞の"要"を見てみましょう。

我大学毕业后，一定要当飞机乘务员。
Wǒ dàxué bìyè hòu, yídìng yào dāng fēijī chéngwùyuán.
私は大学を卒業したら、絶対にキャビンアテンダントになりたい。

你也要参加这次义务活动吗？ Nǐ yě yào cānjiā zhècì yìwù huódòng ma?
あなたも今回のボランティア活動に参加したいですか。

我要一个人去旅行，不想跟别人一起去。
Wǒ yào yí ge rén qù lǚxíng, bù xiǎng gēn biérén yìqǐ qù.
私は一人で旅行に行きたいです。ほかの人と一緒に行きたくありません。

これらの"要"はいずれも「～したい」という願望を表わしています。助動詞の"想"も「～したい」という意味で使われますが、"想"が「そうしたいなあ」というおだやかな希望を表わしているのに対して、"要"には「そうしたいのだ」というはっきりした意志が感じられます。「今日のお昼は麺でも食べたいな」くらいの希望なら"我想吃面。"でいいでしょうが、「明日日本に帰るのだから、今晩は絶

対に北京ダックを食べるぞ」だったら"**我要吃北京烤鸭。**"がいいでしょう。はっきりした意志や願望を表わす"**要**"は、同じくはっきり言い切る語気をもつ副詞の"**一定（きっと、絶対に）**"と相性がよく、"**一定要～（絶対～したい）**"とよく一緒に使います。ちなみに"**想**"を強めるには"**很**"を使って"**很想～（とても～したい）**"とし、"**一定想**"とは言いません。

願望の"**要**"の否定にはふつう"**不想**"を使います。"**不要**"とすると"**你不要浪费时间。（あなたは時間を無駄にしてはいけません）**"のように禁止の命令になるため、なるべく誤解を生まないほかの助動詞を使うのです。願望を表わす"**要**"は意志を感じさせる語ですから、ただ望むだけでなく、心の中で「こうしよう」と決めている感じがします。ですから上の2つめの文も「参加するつもりですか／参加する（と心の中で決めている）のですか」と訳してもいいでしょう。

では、次の文の"**要**"はどんな意味でしょうか。

这项工程，我们要到明年九月底以前才能完成。
Zhè xiàng gōngchéng, wǒmen yào dào míngnián jiǔyuè yǐqián cái néng wánchéng.
この工事を、我々は来年の9月までには完成させなければならない。

我们服药的时候，也要考虑这种药的副作用。
Wǒmen fú yào de shíhou, yě yào kǎolǜ zhè zhǒng yào de fùzuòyòng.
私たちは薬を服用するとき、その薬の副作用のことも考えなければなりません。

学习汉语，我们先要掌握准确的发音。
Xuéxí Hànyǔ, wǒmen xiān yào zhǎngwò zhǔnquè de fāyīn.
中国語の学習では、まず正確な発音をマスターしなければなりません。

これらの"**要**"は「そうしなければならない」という意味です。同じような意味を表わす語には"**应该** yīnggāi""**得** děi""**必须** bìxū"などがありますが、それぞれの使われ方は微妙に違います。"**应该**"は、道理や常識などから考えて、「人として当然そうすべきだ」と

いう意味の「そうしなければならない」ことを表わし、"必须"は文字通り「必ずそうすべし」です。"要"と"得"はともに「状況、人の感情、道理などから考えて、そうしなければならない」という意味ですが、"要"のほうが「必要性、意志」をはっきり打ち出している感じがあります。たとえば「明日試験がある」というときには、やはり"**明天有考试，我要好好儿学习。**（明日は試験があるので、よく勉強しなければならない）"のように"要"を使ったほうがいいでしょう。「～しなくてはならない」の"**要**"を否定するときは、「～する必要はない」という意味の"**不用**"を使います。

可能性を表わす

"要"はさらに可能性を表わすこともでき、かなり自信を持って「必ずそうなるぞ」と言っている語気が表わせます。

不听别人的意见，你将来一定要失败的。
Bù tīng biérén de yìjian, nǐ jiānglái yídìng yào shībài de.
他人の意見を聞かないなら、将来きっと失敗するに違いない。

措施不当的话，一定要出问题。
Cuòshī bú dàng de huà, yídìng yào chū wèntí.
措置が間違っていたら、きっと問題が起こるだろう。

この可能性の"**要**"を否定するには"**不会**（～するはずがない）"を使います。また"**要**"の前に"**会**"をつけることもできます。

他会要告诉我们事情的真相。 Tā huì yào gàosu wǒmen shìqing de zhēnxiàng.
彼は我々に事の真相を話してくれるに違いない。

また比較の文の中で用いると、話し手の推測や見方を表わします。

这本词典比那本要贵得多。 Zhè běn cídiǎn bǐ nà běn yào guì de duō.
この辞書はあの辞書よりずっと高い。

我觉得东京比我老家要方便得多。
Wǒ juéde Dōngjīng bǐ wǒ lǎojiā yào fāngbiàn de duō.
東京は私のふるさとよりずっと便利だと思う。

"会"のあとの"要"や比較の文の中の"要"は、いずれもそれがなくても文の意味は通じるのですが、"要"を入れることによって、話し手の「こういうことになるだろう」という語気が加わります。

仮定を表わす「もしも」

このほか、"要"には接続詞としての働きがあり、"要是／如果／假如（もしも）"と同じように仮定条件を導き出します。ただしこれは口語的な使い方なので、書くときにはやはり"要是"などを用いたほうがいいでしょう。

要去北京的话，你一定去故宫参观参观吧。
Yào qù Běijīng de huà, nǐ yídìng qù Gùgōng cānguāncānguān ba.
もしも北京に行くなら、必ず故宮へ見学に行きなさいよ。

要有什么问题，请来问我。 Yào yǒu shénme wèntí, qǐng lái wèn wǒ.
もしも何か問題があったら、私に聞きに来てください。

このように、"要"には動詞・助動詞・接続詞のさまざまな意味がありますが、いつも何か「きりっとした」意志を感じさせることばのようです。ですから**"你要什么？"** と聞かれたときは**"我要这个。"** とはっきりほしい物を示し、何も要らないならば**"不要。"** と、これもはっきり言うべきでしょう。

コラム

方言はおかしなことば？

　学生のみんなとおしゃべりをしていたときのことです。私が"**你们吃晚饭后去溜达溜达吗?**（みんな晩ごはんを食べたあと散歩に行くの）"と尋ねると、みんなどっと笑いました。"**溜达溜达**"がおかしい、と言うのです。「何のこと？」「なんておもしろいことば！」と大変な盛り上がり方です。「それならなんて言うの？」と聞くと、"**散散步嘛**。（それは"**散散步**"でしょ）"ということでした。

　これは広州で日本語を教えていたときの話です。たしかに"**溜达 liūdá**（散歩する）"は中国の中でも北のことばで、南の人たちにはあまりなじみのないものかもしれません。しかし、それにしても「変なことば！」と笑うのもおかしな話です。辞書にも載っているのですから。ほかに"**马上**（もうすぐ）"っておもしろい、と言われたこともありました。これも"**南船北马**（昔、中国の交通機関は、南は船で北は馬だった）"から考えると、「馬の上に乗ってもう準備完了」みたいな"**马上**"ということばは、南の人になじまないのかもしれません。

　しかし、学生たちが「なんて不思議なことば！」と違和感をもつのは"**溜达溜达**"のような北方らしい表現だけではないようでした。当時私が住んでいた広東省には広東語、潮州語、客家語（「〜語」と呼ばれるくらいですからお互い外国語のようなものですが）のような大きな方言があり、さらにそこから枝分かれしたたくさんの方言があります。

学生たちはそういうさまざまな方言区から集まって来ているので、「私のところではそんなこと言わない」「えっそんなことばがあるんだ！」という話題が尽きないのです。学校の中では"普通话"を使うことになっていましたが、それは私が日本で勉強した"普通话"とはちょっと違っているところがありました。たとえば私たちは助動詞"能""会""可以"の使い分けを勉強しますし、試験の問題でもそれについてよく問われます。この本でもそれぞれの項で確認しましたね。しかし今思い出しても、広州では"可以"がやたらと使われていたような気がします。"能"と言うべきところも"可以"と言っているようなのです。それから"很"をあまり使わず"好"を使い、"好大（とても大きい）"と言うのをよく聞きました。また疑問文には"吗"を使わず、"你去不去？"のような反復疑問文が多く使われていました。それはみな広東語がそうだからなのです。彼らがふだん話している"普通话"は広州風味の"普通话"で、それが当たり前になっているので、ちょっと違ったことばを聞くと、おかしいと感じるのでしょう。

　きっと中国全土には到底数え切れないほどのさまざまな"普通话"があるのでしょう。しかし逆に言うなら、それほど差異のあることばを持つ13億人以上の人々に、一応通じることばを普及させたのは、大した偉業だと言えそうです。

第5章

文のかたちを
決める大事な語

中国語の文法で、もっとも学習者を悩ませるのが助詞の"了"ではないでしょうか。何年勉強しても使い方がよくわからない、という人だって少なくないはずです。
中国語には、ほかにも"把""过"など、文を組み立てる上で欠かせない語がいくつかあります。それぞれの複雑な働きを理解するのは簡単ではありませんが、中国語をマスターするためには避けて通るわけにいきません。「わからない」とあきらめずに、たくさんの文を読んで、一つずつ使い方を体得していきましょう。

23 把　目的語をつかんで引っぱり出す？

　中国語を学習している人なら "把" でまず思いつくのは "把" 構文でしょう。しかし "把" は本来「つかむ、握る」という手の動作を表わす動詞で、誰もがやる動作ではありませんが "把舵 bǎ duò" なら「舵を握る」、"把着枪 bǎzhe qiāng" なら「銃を握っている」という意味です。そして次のように結果補語をつけて使われることもあります。

　　把住扶手 bǎzhù fúshǒu　　　　　手すりをしっかりつかむ
　　把稳方向盘 bǎwěn fāngxiàngpán　ハンドルをしっかり握る

また手の動作だけでなく "**把门**（門番をする）" "**把守**（守備を固める、守る）" の意味もあり、さらに "**把握**（把握する、掌握する）" "**把持**（一人じめする、ほしいままにする）" のような単語の中では抽象的な意味を表わしています。しかしもとを正せば、どれも「つかむ、握る」から来ているのです。

▼ 量詞は「取っ手をつかむ」

　"把" は量詞として「握り手があり、それをつかんで使う物」を数えるのにも使われます。

　　一把刀 yì bǎ dāo　　　　1本のナイフ
　　三把雨伞 sān bǎ yǔsǎn　　3本の雨傘
　　五把椅子 wǔ bǎ yǐzi　　　5脚の（背もたれのある）椅子

"**椅子**" に "**把**" を使うのは「背もたれがあってそれをつかんで運ぶから」と言われています。なんだかこじつけのように聞こえますが、たしかに椅子は背もたれのところをつかんで運びますね。です

から同じ椅子でも背もたれのないベンチやお風呂の腰かけなどには"把"を使わず、「平面のある物」を数える"张"が使われます。

ひとつかみ、ひとにぎりとして数えるのにも"把"が使われます。

一把鲜花 yì bǎ xiānhuā　　1束の生花
一把大米 yì bǎ dàmǐ　　ひとつかみの米
两把柴火 liǎng bǎ cháihuo　　2束のたきぎ

さらに、使う数詞は"一"に限られますが、"一把力气（力）""一把劲儿（力、気概）"のように抽象的な名詞と一緒に使われることもあります。"一把"は動詞句のあとに置かれると、次のような文を作ります。

他推了我一把。 Tā tuīle wǒ yì bǎ.
彼は私のことをぐいとひと押しした。

他一把抱住了他的儿子。 Tā yì bǎ bàozhùle tā de érzi.
彼は息子をぎゅっと抱きしめた。

この"一把"は「ひとつかみ」ではなく、ある動作が強く、しかも素早く行なわれたことを表わしています。

前置詞は「目的語をつかむ」

このように"把"にはさまざまな使われ方がありますが、"把"が一番活躍するのは、やはり"把"構文を作るときでしょう。皆さんご存知のとおり、中国語では基本的に［主語＋動詞＋目的語］の語順になります。

我　　买了　　一本书。 Wǒ mǎile yì běn shū.
主語　動詞　　目的語
私は1冊の本を買いました。

しかし"把"構文では、［主語＋"把"＋目的語＋動詞］という語

順になり、目的語は動詞（句）の前に来ます。

<u>我</u>　<u>把那本词典</u>　<u>还给她了</u>。Wǒ bǎ nà běn cídiǎn huángěi tā le.
主語　　"把"＋目的語　　　動詞

　　私はその辞書を彼女に返しました。

"把"が目的語をつかんで、ぐっと動詞の前まで引っぱり出したと考えると、わかりやすいかもしれません。これは基本語順のルールを破った文ですが、わざわざルールを破るには、それだけの理由があるのです。次の３つの文を比べてみてください。

a) 我打碎了那个茶碗。Wǒ dǎsuìle nàge cháwǎn.
b) 我把那个茶碗打碎了。
c) 那个茶碗，是我打碎的。

aは［主語＋動詞＋目的語］の基本語順どおりの文で、bが"把"構文です。日本語にするとaもbも「私はその茶碗を壊してしまいました」となります。しかしaは「誰が何をどうした」と事実を淡々と述べる文です。腹を立ててそんなことをしたのかもしれませんが、うっかりして壊したのかもしれません。一方bは、"把"によって目的語の"那个茶碗"が強調され、主語が目的語に対してはっきりした行為を行ない、それによって目的語にある結果をもたらしたり残したりした、そういうことを表わしています。意識的に「茶碗を壊す」など、めったにあることではありませんが、きっとカッとなってそんなことをしたのでしょう。ちなみにcは［是～的］の文です。"是"と"的"にはさまれた部分が強調されるので、この文では「誰が割ったのか」が問題になり、「その茶碗は私が壊したのです」となります。このように同じような文でも、それぞれ狙いは違うのです。

どんな目的語を「つかむ」のか

"把"構文は「それをどうしたか」に注目して述べる文ですから、目的語になるのは話し手と聞き手の間で何を指しているのかわかっているものです。"**我买了一本书**。（私は本を買いました）"の"**一本书**"のような目的語は不特定のものですから、ふつう"把"構文の目的語にはなれません。"把"構文の目的語は多くの場合、"**那个**""**我们的**"などの修飾語がつき、どのものなのか具体的にわかるようになっています。

弟弟把<u>我的自行车</u>骑走了。Dìdi bǎ wǒ de zìxíngchē qízǒu le.
弟は私の自転車を乗っていってしまいました。

我把<u>钱</u>还给他了。Wǒ bǎ qián huángěi tā le.
私はお金を彼に返しました。

下の文の"**钱**（お金）"は、修飾語がついていませんが、それは話し手と聞き手の間で何のことを言っているかわかっているからです。ここでは"**钱**"と言っただけで、「ああ、あのお金のことね」とわかるのです。このような場合には"把"の目的語は修飾語なしの名詞でもかまいません。

"把"構文の特徴とは？

"把"構文に使われる動詞は、目的語に対して何らかの働きかけをするものです。ですから存在や所有を表わす"**在**""**有**"や助動詞はもちろんのこと、"**喜欢**（好きだ）""**相信**（信じる）""**同意**（同意する、賛成する）"のような動詞も使いません。"**我喜欢中国电影**。（私は中国映画が好きです）"と言っても、それは「私がそう思っている」というだけで、"**中国电影**"をどうこうする、という積極的な働きかけはないからです。"把"構文では「どのようにするのか」に着目しているので、動詞も単独で使われることはほとんどなく、その動作の行なわれ方や結果を具体的に表わす要素が付け加えられ

ます。補語がよく使われるのもそのためです。

我已经把那些面包吃了。

Wǒ yǐjīng bǎ nàxiē miànbāo chī le.

私はもうそのパンを食べてしまいました。(動詞＋"了")

他们把出发的日子改成下个月一号了。

Tāmen bǎ chūfā de rìzi gǎichéng xiàge yuè yīhào le.

彼らは出発の日を来月の１日に変更しました。(結果補語)

请把看完的杂志放回书架上。

Qǐng bǎ kànwán de zázhì fànghuí shūjià shang.

読み終わった雑誌は本棚に戻してください。(方向補語)

他把房间打扫得干干净净。

Tā bǎ fángjiān dǎsǎode gāngānjìngjìng.

彼は部屋をきれいに掃除した。(様態補語)

また、"把"構文では、否定を表わす"不"や"没"、副詞の"就""又""才"などは"把"の前に置きます。これも覚えておかねばならないでしょう。

他没把自己的照相机拿来。

Tā méi bǎ zìjǐ de zhàoxiàngjī nálai.

彼は自分のカメラを持ってきませんでした。

她吃完饭就把桌子上的东西都收起来了。

Tā chīwán fàn jiù bǎ zhuōzi shang de dōngxi dōu shōuqǐlai le.

彼女はごはんを食べおわると、テーブルの上の物を片づけました。

そして、主語の動作によって目的語が動いたり変化したりする、主語の動作が目的語の一部分になされる、こういう内容を表わすには"把"構文がとても役に立ちます。

我把大衣放在床上了。 Wǒ bǎ dàyī fàngzài chuáng shang le.

私はコートをベッドの上に置きました。(目的語の移動)

我们把他选为班长。 Wǒmen bǎ tā xuǎnwéi bānzhǎng.
　私たちは彼を学級委員に選びました。(目的語の変化)

他把衣服脱了一件。 Tā bǎ yīfu tuōle yí jiàn.
　彼は服を1枚脱ぎました。(目的語の一部分への動作)

どんなときに"把"を使った文にしたらいいのかを、ぜひしっかり"**把握**"してください。そのためには、やはり"**把**"は「つかむこと」を表わすという出発点を、きちんとつかんでおく必要があるでしょう。

24 过 通過するのはどんなもの?

你看过熊猫吗? パンダを見たことがありますか。
你爬过长城吗? 万里の長城に登ったことがありますか。

このような「〜したことがありますか」というフレーズは、会話の中で本当によく使われますね。このフレーズを作るのが助詞の"过"です。

"过"の元になる繁体字は"過"です。日本語の「過ぎる・過ごす」の「過」とほとんど同じに見えますが、よく見るとわずかに字体は異なります。しかし本来は同じ字ですから、イメージもつかみやすいのではないでしょうか。

通りすぎることを表わす

"通过（通る、通過する）""经过（経る、経過する）""超过（超える、超過する）"などからもわかるように、"过"はさまざまな意味で通りすぎることを表わします。

过了这条路，前面就是邮局。 Guòle zhè tiáo lù, qiánmian jiù shì yóujú.
　この道を渡れば、前が郵便局です。

他们的船终于过了赤道了。 Tāmen de chuán zhōngyú guòle chìdào le.
　彼らの船はとうとう赤道を越えた。

上の文はどれも、ある空間や地点を通りすぎることを言っていますが、"过"は時間的に通過する、過ぎるということも表わします。

时光过得真快。 Shíguāng guòde zhēn kuài.
　時はまたたく間に過ぎる。

那里的人现在也过着苦日子。 Nàli de rén xiànzài yě guòzhe kǔ rìzi.
そこの人たちは今でも苦しい暮らしをしている。

今年我一定要回家乡过春节。 Jīnnián wǒ yídìng yào huí jiāxiāng guò chūnjié.
今年私は絶対ふるさとに帰って春節を過ごしたい。

"**时光**"は「歳月」のことですから、まさに「光陰矢の如し」です。"**过日子**（日々を過ごす、暮らす）"も"**过日子并不容易**（暮らしていくのは決してたやすいことではない）"のように、日常的によく使われる言い方です。

这种会员卡过期失效了。 Zhè zhǒng huìyuánkǎ guòqī shīxiào le.
この会員証は期限切れで無効です。

我已经年过半百了。 Wǒ yǐjīng nián guò bànbǎi le.
私はもう五十を過ぎました。

"**过**"は「通りすぎる」ということから、ある時点を越えるという意味でも使われ、"**过期**"は「期限・期日を越える、期限切れ」という意味になります。"**年过半百**（年齢が百の半分を越える、五十を過ぎる）"も書きことば風ですが決まった言い方です。

这些蔬菜先过油再做菜的话更好吃。
Zhèxiē shūcài xiān guò yóu zài zuò cài de huà gèng hǎochī.
この野菜はまず油通ししてから調理すると一層おいしい。

大豆先过筛子把好的坏的分开。
Dàdòu xiān guò shāizi bǎ hǎo de huài de fēnkāi.
大豆はまずふるいにかけて、いいのと悪いのを分けてください。

"**过油**（油通しする）" "**过筛子**（ふるい分ける）" "**过水**（水を通す）"などの"**过**"も「通過させる」ことで、「あるプロセスを経る」ことを表わしていると言えるでしょう。

プロセスを表わす方向補語

"过"は動詞のあとにつくと方向補語になり、動作などによって物がある場所から別の場所まで動くことを表わします。"过"をつけることで、その経過を感じさせることになるのです。

很多马拉松选手跑过天安门广场前边。
Hěn duō mǎlāsōng xuǎnshǒu pǎoguo Tiān'ānmén guǎngchǎng qiánbian.
たくさんのマラソン選手たちが天安門の前を走りすぎる。

她接过奖状向我们挥手。 Tā jiēguo jiǎngzhuàng xiàng wǒmen huī shǒu.
彼女は賞状を受けとると、私たちに向かって手を振った。

上の文はマラソンの場面ですから、選手たちが走りすぎていく光景が容易に思い浮かぶでしょう。下の"接过"のような言い方では、賞状が差し出され、それを彼女が受けとる経過が"过"によってまるで見ているように表わされています。

"过"は１字でも方向補語になりますが、さらにうしろに"来／去"がつき２字の方向補語にもなります。"－过来"は「ある動作が一定の経過を経てこちらに向かってくること」、"－过去"は「ある動作が一定の経過を経て向こうに遠ざかっていくこと」を表わします。

一群鸟向北边飞过去了。 Yì qún niǎo xiàng běibian fēiguòqu le.
一群の鳥が北の方へ飛び去って行った。

请把那本词典给我拿过来。 Qǐng bǎ nà běn cídiǎn gěi wǒ náguòlai.
どうぞあの辞書を持って来てください。

動詞に目的語がある場合には、基本的に目的語を"来／去"の前に置きます。

这时候她突然转过脸来，说"那我走了"。
Zhè shíhou tā tūrán zhuǎnguo liǎn lái, shuō "nà wǒ zǒu le".
このとき彼女は急にこちらを振り向いて、「じゃあ私はもう行くわ」と言った。

これも"-过来"によって動作のプロセスが感じられ、まるで映画のワンシーンのようですね。

　方向補語は動作・行為の方向性を表わすことができるほかに、抽象的な意味を表わすこともできます。"过来／过去"にもその働きがあり、"-过去"は「正常な状態がだんだん失われていくこと」を、"-过来"は「本来の正常な状態にだんだん戻ってくること」を表わします。これも"过"に「だんだん」という経過を表わす力があるからです。

那个病人连一句话也没说，就昏迷过去了。
Nàge bìngrén lián yí jù huà yě méi shuō, jiù hūnmíguòqu le.
その病人は何も言うことなしに気を失ってしまった。

他努力把坏习惯改过来了。
Tā nǔlì bǎ huài xíguàn gǎiguòlai le.
彼は一生懸命努力して悪い習慣を改めた。

"把坏习惯改过来了"には時間をかけて努力したという感じがあり、本人の苦労のあとが偲ばれます。
　また、動詞の"过"には「ある地点・時点を越える」という意味があったように、方向補語にも同じような意味の使い方があり、「動作があるべき程度を越えてしまったこと」を表わします。

糟糕，已经八点了，我睡过头了。
Zāogāo, yǐjīng bā diǎn le, wǒ shuìguo tóu le.
しまった、もう8時だ。寝すごしてしまった。

闲聊了一会儿就坐过了几个站！
Xiánliáole yíhuìr jiù zuòguole jǐ ge zhàn!
おしゃべりしているうちに何駅か乗りこしてしまった。

　さらに「越える」ということから「勝る、勝つ」という意味までも表わすことができます。

关于产品的质量，这个比过那个。
Guānyú chǎnpǐn de zhìliàng, zhège bǐguo nàge.
製品の質に関しては、これはあれに勝る。

你有信心说得过他吗？ Nǐ yǒu xìnxīn shuōdeguò tā ma ?
君には彼を言い負かせる自信があるのか。

"说得过"のように動詞と"过"の間に"得／不"を入れて可能補語を作ることもできます。

▼ 経験を表わす

最初にお話ししたとおり、"过"と言うとすぐ思いつくのが［動詞＋"过"（〜したことがある）］という経験の表現でしょう。この"过"は助詞です。中国へ行くと、親しくなった人から"你吃过〜吗？""你去过〜吗？"とたくさんの質問をされますから、"过"の文型にはすぐ慣れてしまうでしょう。

他曾经在中国教过日语。 Tā céngjīng zài Zhōngguó jiāoguo Rìyǔ.
彼は以前中国で日本語を教えたことがあります。

我十年前爬过富士山。 Wǒ shí nián qián páguo Fùshìshān.
私は10年前に富士山に登ったことがある。

这么奇怪的事，我从来没（有）经验过。
Zhème qíguài de shì, wǒ cónglái méi(yǒu) jīngyànguo.
こんな奇妙なことを、私は今までに経験したことがない。

"过"を使った経験の文では、「10年前」のように、具体的に時を表わす語も一緒に使うことができます。また"没（有）"で否定しますが、否定文になっても"过"は動詞のあとにつけたままです。

そしてじつは動詞に"过"のついた文はもう一種類あるのですが、こちらは「〜したことがある」ではなく「済ませる、やり終わる」という意味で、"了"と一緒に使うことができます。

先吃过饭再出去吧。 Xiān chīguo fàn zài chūqu ba.
まずごはんを済ませて、それから出かけよう。

今天的作业，我已经交过了。 Jīntiān de zuòyè, wǒ yǐjīng jiāoguo le.
今日の宿題は、もう提出した。

このような助詞の"过"も、ある動作のプロセスを通過したことを表わしていると言えるでしょう。

度が過ぎることを表わす

動詞・方向補語・助詞と見てきましたが、このほかにもう一つ副詞の"过"があります。副詞の"过"は形容詞の前に置かれ、「～すぎる」という意味を表わします。

他的致词时间过长。 Tā de zhìcí shíjiān guò cháng.
彼のスピーチは時間が長すぎる。

她的工作责任过大，她负不起那么大责任吧。
Tā de gōngzuò zérèn guò dà, tā fùbuqǐ nàme dà zérèn ba.
彼女の仕事は責任が大きすぎて、彼女は責任を負いきれないだろう。

この"过"は"太～了（～すぎる）"と同じ意味なので、上の文は"**他的致词时间太长了。**"と言いかえられます。よくあることですが、長すぎるスピーチは困りものですね。

"过长（長すぎる）""过大（大きすぎる）"のような言い方は、長さや大きさのちょうどいいと思われるポイントを通りすぎてしまったことを表わします。動詞・方向補語・助詞・副詞のどれをとってみても、"过"に共通しているイメージというのは、この「通りすぎてしまった」感じと言えるでしょう。

25

着 😐 ピタッとくっついて当分そのまま

"放"と言えば「置く」ですが、"放着"なら「置いてある」という意味になりますね。"着"によって状態を表わしていることが明らかになるのです。この"着"は zhe と読みますが、この字はほかにも複数の読み方を持っており、意味や使い方も違っています。

≡ 継続を表わす

zhe と軽声で発音する"着"は助詞で、動詞のすぐあとについて、動作や状態が続いていることを表わします。

他现在看着书呢。 Tā xiànzài kànzhe shū ne.
彼は今、本を読んでいるところです。

今天下午一直下着雨呢。 Jīntiān xiàwǔ yìzhí xiàzhe yǔ ne.
今日の午後はずっと雨が降っています。

他们讨论的时候，他一直低着头。
Tāmen tǎolùn de shíhou, tā yìzhí dīzhe tóu.
彼らが討論しているとき、彼はずっとうつむいていた。

一定時間継続することを表わすので、当然のことながら"来（来る）""去（行く）"のような１回やればそれで終わってしまう動作を表わす動詞や、"是（～である）""喜欢（～が好きだ）"のような状態を表わす動詞には"着"はつけられません。ただ"有（ある）"は例外で、"**这两个事情之间有着明显的因果关系。**（この２つの事柄の間には明らかな因果関係が存在する）"のようなやや硬い内容の文では"**有着**"も使われます。

動作の継続というと、副詞"**在**"を使った文型が思い浮かぶ人も多いでしょう。"**在**"の項でも述べましたが、"**在**"を使った文と"**着**"

第5章 文のかたちを決める大事な語

を使った文には少し違いがあります。あることが継続して行なわれる、という点では共通していますが、"在"の文は「動作が進行中であること」にポイントが置かれているのに対して、"着"の文のほうは「動作や状態の継続・持続」にポイントが置かれています。

a) 她穿着一件红毛衣。Tā chuānzhe yí jiàn hóng máoyī.
   彼女は赤いセーターを着ています。

b) 他正在穿衣服呢。Tā zhèngzài chuān yīfu ne.
   彼は今服を着ているところです。

a は「赤いセーターを着ている」という状態の継続、b は「服を着る」という動作が進行中であることを表わしています。

しかし動作の進行と継続はまったく違うものとも言えません。「電話をかけている」「討論している」などは、動作の進行中であるとも言えますが、「電話中」「討論中」という状態が継続中とも言えます。このような場合、"（正）在"と"着"の両方が使われる文になります。

妈妈正在打着电话呢。Māma zhèngzài dǎzhe diànhuà ne.
   お母さんは今ちょうど電話をかけているところです。

关于这个问题他们正在讨论着呢。
   Guānyú zhège wèntí tāmen zhèngzài tǎolùnzhe ne.
   彼らはこの問題についてまさに討論しているところです。

存現文に現れる zhe

"着"が状態の継続を表わすということから、［動詞＋"着"］はよく存現文に使われます。

我家门口停着一辆汽车。Wǒ jiā ménkǒu tíngzhe yí liàng qìchē.
   私の家の入口のところに 1 台の自動車が止まっている。

讲堂里坐着很多学生。Jiǎngtáng li zuòzhe hěn duō xuésheng.
   講堂にはたくさんの学生が座っている。

存現文ですから［場所＋動詞＋"**着**"＋存在するもの］となります。

また動詞を２つ使い、はじめのほうの動詞に"**着**"をつける言い方もあります。このような文は「〜しながら…する」という意味になります。

> **他躺着看书。** Tā tǎngzhe kàn shū.
> 彼は横になって本を読みます。
>
> **她听着音乐做菜。** Tā tīngzhe yīnyuè zuò cài.
> 彼女は音楽を聞きながら料理を作ります。

それぞれ"**看书**""**做菜**"の前に、どんな状態でその動作を行なったのかを述べる動詞句が置かれています。"**笑着说**"なら「笑いながら話す」、"**哭着说**"なら「泣きながら話す」、そして立ち喰い蕎麦のような店で食べるなら"**站着吃**（立って食べる）"になります。中には"**跟着**（〜のあとについて）""**沿着**（〜に沿って）"のように前置詞のような役割をするものもありますが、いずれもその状態を維持したまま、ある動作をするということですね。

> **你们跟着我说。** Nǐmen gēnzhe wǒ shuō.
> 私について言ってください。
>
> **沿着这条马路一直走。** Yánzhe zhè tiáo mǎlù yìzhí zǒu.
> この道に沿ってまっすぐ行ってください。

さらに［動詞＋"**着**"］を２つ並べ、そのあとにもう一つ別の動詞が来る文があります。これは動作をやり続けているうちに、うしろの動詞のような結果になった、という意味の文です。

> **娃娃哭着哭着睡觉了。** Wáwa kūzhe kūzhe shuìjiào le.
> 赤ちゃんは泣いているうちに眠ってしまった。
>
> **我们谈着谈着坐过站了。** Wǒmen tánzhe tánzhe zuòguo zhàn le.
> 私たちは話をしているうちに乗り越してしまった。

形容詞のうしろにつく zhe

助詞の"着"はある形容詞のあとについて程度が高いことも表わしますが、この場合ふつう文末には"呢"がつきます。

这样的问题，我们这里多着呢。
Zhèyàng de wèntí, wǒmen zhèli duōzhe ne.
このような問題は、我々のところではたくさんある。

他的工作态度好着呢。 Tā de gōngzuò tàidù hǎozhe ne.
彼の仕事の態度はじつにいい。

［形容詞＋"着"］は口語的な表現で、話し手の気持ちが入っていますから、"我们这里多着呢"は「私たちのところでは、いくらでもある」というような訳し方もできるでしょう。

zháo は「つく」、zhuó は「つける」

さて、そろそろ zhe のほかの読み方について見ていきましょう。"着"には zhe のほかに zhāo・zháo・zhuó の３つの読み方がありますが、zháo・zhuó と読む場合が動詞です。

まず、"着 zháo"は「つく、触れる、当たる、届く」などの意味を表わします。

着火啦！ Zháo huǒ la！
火事だ！

这样的天气，我们容易着凉。 Zhèyang de tiānqì, wǒmen róngyì zháoliáng.
こんな天気は、風邪をひきやすい。

他听戏听得好像着了魔一样。 Tā tīngxì tīngde hǎoxiàng zháole mó yíyàng.
彼は芝居を見ると、まるで何かにとりつかれたように我を忘れてしまう。

"着火（火が出る）""着风（風に当たる）""着雨（雨に濡れる）"などの使い方を見ると、"着"が「何かがピタッとくっついて、そのままになってしまった」ことを表わしている感じがします。"着魔"

も「魔物のようなものにとりつかれてしまった」ことですし、"**着凉**"もウィルスなどの感染による"**感冒（風邪）**"ではなく、冷たい空気が体に影響して引き起こす風邪のことです。ほかにも"**上不着天，下不着地**（上は天につかず、下は地につかず）"という言い方があり、天にも地にもくっついていない、つまり「落ち着くところがない」ことを表わします。

一方"**着 zhuó**"は、"**衣着（身なり）**"の"**着**"で「つける」という意味です。つけるものを目的語として"**着色（色をつける）**""**着手（手をつける、着手する）**""**着眼（目をつける、着目する）**"など、日本語でもよく使われる動詞を作っています。

地板只涂一层清漆，不用着色。 Dìbǎn zhǐ tú yì céng qīngqī, bú yòng zhuósè.
床はニスを塗るだけで、色はつけなくていい。

中国政府早就着手研究汉语规范化问题了。
Zhōngguó zhèngfǔ zǎojiù zhuóshǒu yánjiū Hànyǔ guīfànhuà wèntí le.
中国政府は早くも中国語の規範化問題の研究に着手した。

結果補語になるのは zháo

もう一つの動詞"**着 zháo**"は、動詞のあとに直接ついて結果補語になります。[動詞＋"**着**"]という形だけ見ると状態の継続を表わす言い方と同じですが、"**着**"のあとに"**了**"をつけることができれば結果補語の"**着 zháo**"です。または「とうとう〜できた」と訳せるなら、それも結果補語と判断していいでしょう。

昨天晚上我三点才睡着。 Zuótiān wǎnshang wǒ sān diǎn cái shuìzháo.
昨日の晩は、私は３時になってやっと寝ついた。

这个谜语，就他一个人猜着了。 Zhège míyǔ, jiù tā yí ge rén cāizháo le.
このなぞなぞは、彼一人が答えを当てた。

警察终于抓着了那个犯人。 Jǐngchá zhōngyú zhuāzháole nàge fànrén.
警察はとうとうその犯人を捕まえた。

結果補語"着"が表わすのは「目的の物や状態に到達し、そのことがある結果を生んだり影響を残したりする」ことです。この"着"と似た結果補語に"到"がありますが、"到"が「到達した」ということに重点を置くのに対し、"着"は「到達した」ことだけではなく「そのあとに残る結果や影響」まで表わしているようです。たとえば"抓（捕える）"に"着"がつくと、その犯人が確かに捕まって、もう逃げられないというような感じがします。

　さらに動詞と"着"の間に"得／不"を入れると、可能補語を作ることもできます。"摸着（探し当てる）"に"不"を入れて"摸不着"とすれば、「探し当てることができなかった」という意味です。

他钓得着那么大的鱼吗？ Tā diàodezháo nàme dà de yú ma?
　彼はそんなに大きな魚を釣り上げることができたの？

这个案件，我们怎么也摸不着头儿。
　Zhège ànjiàn, wǒmen zěnme yě mōbuzháo tóur.
　この事件は、どうしても手がかりがつかめない。

　このように"着"には本当にさまざまな読み方・使い方がありますが、いずれも「ピタッとくっついて、そのままになる」というのが基本的なイメージです。"着"が使われた表現は、「当分そのままの状態が続く」ことを感じさせます。

　それから最後にもう一つ、zhāo という読み方があります。"着 zhāo"は「将棋の一手」のことです。将棋好きな人は覚えておいてもいいですね。

26 了 文に決着をつける大事な役目

中国語で「いらっしゃい！」は"**来了！**"、「お帰りなさい」は"**你回来了。**"と言いますが、直訳すれば「（あなたは）来たね」「あなたは帰って来たね」となります。「彼は行ってしまった」は"**他走了。**"となり、いずれも文末には"**了** le"がついていますね。

"**了**"には liǎo と読む動詞の使い方もありますが、まずは私たちが中国語を勉強する中で必ず出合う、この助詞の"**了** le"から始めましょう。

動作の完了を表わす

le と軽声で読むのは助詞の"**了**"です。"**了**"は中国語の文法で最も難解な語の一つで、常にたくさんの人が研究し、たくさんの論文が書かれています。確かに難しいのですが、学習者としては、まず基本的な用法から確実に理解を固めていくしかなさそうです。

助詞の"**了**"を難しいと感じるのは、一つには姿形は同じなのに2種類の"**了**"があるからです。

我们吃了₁晚饭了₂。 Wǒmen chīle wǎnfàn le.
私たちは晩ごはんを食べました。

便宜上"**了₁**""**了₂**"と番号をつけてみます。2つとも助詞ですが、"**了₁**"は「動態助詞」と呼ばれ、"**了₂**"は「語気助詞」と呼ばれるものです。動態助詞は動詞のうしろにぴったりついて「動作の進行状態」を表わします。上の文の"**了₁**"は「動作が終了、完了したこと」を示すマークの働きをしていると言えるでしょう。「終了した」というとまるで過去形のようなので、過去のことを言うなら何でも動詞のあとに"**了₁**"をつけてしまう人がいます。英語を勉

強していたときの習慣からか、"了₁"を動詞につけると「これで過去形だ」と安心するのかもしれません。しかしそれは間違いで、"了₁"は動作の終了を表わすものの、「過去」や「未来」といった時制とは関係がありません。ですから未来のことを言うときにも使うことができるのです。

我们吃了饭就出发吧。 Wǒmen chīle fàn jiù chūfā ba.
私たちはごはんを食べたら出かけよう。

逆に過去のことでも、習慣としていつもやっているような、「動作の終了」とは無関係のことには"了₁"は使いません。
次に"了₁"の置かれる場所を確認しましょう。

他已经买了明天晚上的京剧票。
Tā yǐjīng mǎile míngtiān wǎnshang de Jīngjùpiào.
彼はもう明日の晩の京劇の切符を買いました。

我们决定下星期三出发了。 Wǒmen juédìng xià xīngqīsān chūfā le.
彼らは来週の水曜日に出発することに決めました。

我去百货大楼买了一双皮鞋。 Wǒ qù bǎihuò dàlóu mǎile yì shuāng píxié.
私は革靴を買いにデパートに行きました。

我们请玛莉给我们教了一次英语。
Wǒmen qǐng Mǎlì gěi wǒmen jiāole yí cì Yīngyǔ.
私たちはメアリーに一度英語を教えてくれるよう頼んだ。

"了₁"の位置は基本的には動詞のすぐあと、目的語の前ですが、目的語が動詞句のときには"**决定下星期三出发了。**"のように文末に持っていきます。そして"**去百货大楼买了一双皮鞋**"のような連動文、"**请玛莉教了一次英语**"のような兼語文では、ふつううしろの動詞につけます。また"**毕业**（卒業する）""**结婚**（結婚する）""**上课**（授業に出る／授業をする）""**下班**（仕事が終わる、退勤する）"のような本来［動詞＋目的語］からできている離合詞に"**了₁**"を

つける場合は、当然ながら"毕了业""上了课"のように"了₁"が割って入る形になります。"毕业"で1語かと思うと"毕了业"となり、2つの語がついたり離れたりする、それが離合詞と呼ばれるゆえんです。

▆ "了"と文の終わり

"了₁"を使った文の目的語が名詞のとき、その目的語にはなんらかの修飾がついていなければならない、これは"了₁"の文を作る上で大切なルールの一つです。目的語に何の飾りもつけず"我买了票"と言ったら、相手は「それで…？」と話の続きを聞こうとするでしょう。文を言い切りにしたいなら、次のように具体的に言わなければなりません。

我买了明天三点的票。Wǒ mǎile míngtiān sān diǎn de piào.
私は明日3時の切符を買いました。

我买了五张票。Wǒ mǎile wǔ zhāng piào.
私は5枚切符を買いました。

あるいは次のように、そのあとに続けてやったことを述べてもいいでしょう。

我买了票就马上回来了。Wǒ mǎile piào jiù mǎshàng huílai le.
私は切符を買うとすぐ帰って来た。

"了₁"のあとに来る目的語の名詞には、何か飾りがついていないと文は終われないのです。

"了₁"と飾りのない目的語の文を終わらせるもう一つの方法は、上の文のように、文の終わりにもう一つの"了"、つまり"了₂"をつけることです。この"了₂"は語気助詞です。動態助詞が動詞に対して働いたのに対して、語気助詞は文末に置かれ、文全体に作用を及ぼし、「状況が変わったこと」「新しい状況が現れたこと」「あ

るプロセスが終わり次のプロセスに入ったこと」を表わします。

开花了，真漂亮。 Kāihuā le, zhēn piàoliang.
花が咲いた。本当にきれいだ。

天黑了，快要下雨了吧。 Tiān hēi le, kuàiyào xià yǔ le ba.
空が暗くなった。もうすぐ雨になるだろう。

我今年七十岁了，老了。 Wǒ jīnnián qīshí suì le, lǎo le.
私は今年70になった。年をとったよ。

我的儿子是大学生了。 Wǒ de érzi shì dàxuéshēng le.
私の息子は大学生になった。

我不喝酒了。 Wǒ bù hē jiǔ le.
私はお酒を飲まないことにした。

これらの文は、どれも「以前とは変わってしまった」ことを述べていますね。知り合いの子どもの歳を尋ねるのにも"**你孩子几岁了？**"と言えば「ずい分会っていないけど、何歳になっているのだろう」というニュアンスになります。答えるほうも"**十岁了。**"と言えば、ただ「10歳だ」というのではなく「しばらく会わないうちに大きくなって、もう10歳になっているよ」という感慨も伝わってくるでしょう。最後の例も変化した結果こうなったのですから、前にはお酒を飲んでいた人が禁酒したことになります。"**我不抽烟了。**"なら「禁煙した」ということです。

二つの"了"

ではここで、もう一度"**我们吃了晚饭了。**"の文に戻ってみましょう。"**了₁**""**了₂**"の2つの"了"が使われています。もうおわかりだと思いますが、"**吃了**"の"**了**"は「食べる」という動作が終わったことを表わしています。しかし「食事をする」ことは「食べる」という動作だけではありません。テーブルを拭いたり食器を並べたり、みんなが集まって「いただきます」で食べはじめ、食べ終わっ

たら片づけものをし、その工程が全部終わって「食事終了！」となります。その「全工程終了」を、語気助詞の"了₂"が表わしているのです。しかし「食事終了」なら「食べる」という動作も当然終わっていると考えられますよね。そこで文末の"了₂"に"了₁"の意味も託して"我们吃晚饭了₁₊₂"としてもかまいません。特に動詞と目的語の結びつきが強い場合には、最後の"了₂"が２つの"了"の働きをまとめて表わすことが多いのです。

我买了₁书了₂。→ 我买书了₁₊₂。
私は本を買いました。

他去年结了₁婚了₂。→ 他去年结婚了₁₊₂。
彼は去年結婚しました。

さて、もう一つ"了"を使う文で気をつけなければならないものがあります。［動詞＋"了₁"＋数量詞＋"了₂"］という形で２つの"了"を使う文です。

我病了十天了。 Wǒ bìngle shí tiān le.
私は病気になって10日になる。

我家的狗死了五年了。 Wǒ jiā de gǒu sǐle wǔ nián le.
家の犬は死んで５年になる。

我学法语学了三年了。 Wǒ xué Fǎyǔ xuéle sān nián le.
私はフランス語を勉強して３年になる。

これらの文では、それぞれ先に出てくる"了₁"は「その動作が始まった／その状態になった」ことを表わしています。そして文末の"了₂"は「今の段階でどれくらいの時間が経過したのか」という状況を表わしています。この場合、その動作や状態は今も継続中で、完了してはいません。悲しいことに死んだ愛犬は生き返ることがないまま、５年たってしまったのです。

第5章 文のかたちを決める大事な語

程度補語を作る

"了₂"はこのほかにも"极了／死了／坏了"などの程度補語を作ることができます。これらの程度補語は"得"なしで直接形容詞のあとにつき、程度の著しいことを表わします。"极了"は「マックスまで極まるほど」、"死了"は「死ぬほど」、"坏了"は「めちゃめちゃになってしまうほど」なのですから大変です。

今天我累死了。 Jīntiān wǒ lèi sǐle.
今日私は死ぬほど疲れた。

你能跟我一起去？那好极了！
Nǐ néng gēn wǒ yìqǐ qù？Nà hǎo jíle！
あなたは私と一緒に行けるの？ それは最高！

またこの"了"は"太""可""别"などの強い語気を表わす語ともセットになって使われます。これも"了"が「そんな高いレベルまで達した」ことを表わせるからです。

这些东西都是给我的吗？真多，太感谢了。
Zhèxiē dōngxi dōu shì gěi wǒ de ma？Zhēn duō, tài gǎnxiè le.
これはみんな私にくれるの？ こんなにたくさん、本当にありがとう。

别说话了！安静一下。
Bié shuō huà le！Ānjìng yíxià.
話すのを止めなさい。ちょっと静かに。

程度が極まるということから、語気助詞の"了"には、「行くところまで行った」「決着をつけた」、そういう語気があります。よく会話で"算了（もういい）"と言いますが、これも「この段階で清算してしまう」という意味から来ているのでしょう。

算了，算了。上次是你付的钱，那今天我付吧。
Suàn le, suàn le. Shàngcì shì nǐ fù de qián, nà jīntiān wǒ fù ba.
いいよ、いいよ。前回は君が払ってくれたんだから、今日は私が払うよ。

算了吧，你不用说出过去的事来。
Suàn le ba, nǐ bú yòng shuōchū guòqù de shì lái.
もういいよ、昔のことを持ち出すことはないよ。

▼ 動詞の liǎo は「決着をつける」

さて、liǎo と読む動詞の使い方に話を移しましょう。動詞の "了 liǎo" は "完了（完了する）" という語からもわかるように、「終わる／終わらせる／決着をつける／済ませる」ことを表しますが、どんな語でも目的語になれるわけではありません。目的語は "事情（こと）" "活儿（仕事）" "案子（事件）" など、まさに「片づける」ようなものに限られます。

那件事怎么了呢？ Nà jiàn shì zěnme liǎo ne ?
あのことはどうやって決着をつけるんだ。

"了 liǎo" のもう一つの意味は「はっきりしている／明らかだ／理解している」で、"了解（理解する）" "了然（はっきりしている）" などの単語の中で使われていますが、単独では使われません。

また、"了 liǎo" は動詞のうしろで結果補語になることができますが、必ず "得／不" とともに "～得了／～不了" という可能補語の形で使われます。ですから "吃了 chīliǎo" "做了 zuòliǎo" といった言い方はないのです。

这么多的菜，我一个人怎么也吃不了。
Zhème duō de cài, wǒ yí ge rén zěnme yě chībuliǎo.
こんなたくさんの料理を私一人ではどうやっても食べきれない。

借这么多的书，一个星期内你看得了吗？
Jiè zhème duō de shū, yí ge xīngqī nèi nǐ kàndeliǎo ma ?
こんなにたくさんの本を借りて、1週間で読みきれますか。

我感冒了，今天上不了课。 Wǒ gǎnmào le, jīntiān shàngbuliǎo kè.
私は風邪をひいてしまい、今日は授業に出られません。

这条河水深不了。Zhè tiáo hé shuǐ shēnbuliǎo.
　この川は深くない。

［動詞＋"**得了／不了**"］を使って表わすことが最も多いのは"**吃不了**""**看得了**"のような、「量的に考えて動作をやり終えられるか、やりきれるかどうか」という内容です。そのほか上の例の"**上不了课**"のように「ある動作や行為をやりおおせるかどうか」も表わせます。可能補語では圧倒的に否定形が多く使われ、"**深不了**"のように形容詞のあとについて「～ということはない」という意味を表わす使い方では、そもそも"**～得了**"という肯定形はありません。

　中国語を読んでいると、頻繁に"**了**"にぶつかります。その度に立ち止まって、どの意味の"**了**"なのかを考えてみてください。そして「こういうところで"**了**"を使うんだ」という発見を積み重ねることで、センスのようなものを少しずつ磨いていけるといいですね。

27 得 何と読むかは役割しだい

日本人がこの字を見てすぐに思い浮かべるのは「得をする」の「得」ではないでしょうか。しかし意外なことに中国語で「得をする」は"**赚** zhuàn（利益を得る、もうける）""**占便宜** zhàn piányi（得をする）"などの言い方をし、"**得**"という字は使いません。ただし"**得**"本来の意味はやはり「手に入れる、得る」で日本語と同じです。

基本の意味は「手に入れる」

他最近发表的小说得到了很大的好评。
  Tā zuìjìn fābiǎo de xiǎoshuō dédàole hěn dà de hǎopíng.
  彼が最近発表した小説は非常な好評を博した。

美国队在今年的联赛中不断得分。
  Měiguóduì zài jīnnián de liánsàizhōng búduàn dé fēn.
  アメリカチームは今年のリーグ戦で得点を重ねている。

このように動詞の"**得** dé"のあとにはよく結果補語"**到**"がつき、「確実に得た」ことを表わします。また"**得**"のあとに目的語がついた"**得分**"のような言い方は、日常生活でもよく使われます。

| 得病 | 病気になる | 得罪 | 人を怒らせる |

また、動詞の"**得**"は成語や慣用句にもよく現れています。

  得不偿失　　得ることより失うことの方が多くて割に合わない
  得寸进尺　　一寸手に入ると一尺ほしくなる、欲にはきりがない
  得而复失　　手に入ったと思ったらまた失ってしまう

人は何かを得たり失ったりすることに、やはり敏感なのかもしれま

せんね。

≡ 許可を表わす

動詞の"得 dé"にはもう一つ許可を表わす意味がありますが、これは法令、規則など硬い内容の書きことばとして使われます。

阅览室的书刊不得携出室外。 Yuèlǎnshì de shūkān bù dé xiéchū shìwài.
閲覧室の書籍、刊行物は室外に持ち出さないこと。

场内不得吸烟。 Chǎngnèi bù dé xīyān.
場内では禁煙のこと。

"不得不~"という言い方がありますが、この"得"も許可を表わし、"不得"で「~するのを許さない」、さらにうしろに"不"がついて「~しないのを許さない」、つまり「~せざるを得ない」という意味になります。

由于经济上的问题，我们不得不中止这项工程了。
Yóuyú jīngjì shang de wèntí, wǒmen bùdébù zhōngzhǐ zhè xiàng gōngchéng le.
経済的な問題で、我々はこのプロジェクトを中止せざるを得ない。

他来求我好几次，我不得不答应做媒人。
Tā lái qiú wǒ hǎo jǐ cì, wǒ bùdébù dāying zuò méiren.
彼が何度も頼んできたので、私は仲人を引き受けざるを得なかった。

さまざまな状況、理由からそうするしかない、という内容を表わす文です。

また、動詞の"得"に"了"がついた言い方がありますが、この"了"は le と軽声で読みます。"得"には「決着を見る」「完成する」という意味もありますから、そこから「話はこれでおしまいだ」ということになるのでしょう。"得了"は口語的な表現で"算了"と同じ意味で使われます。"得了，得了"と重ねて言うと、「これ以上その話はしたくない」といううんざりした気持ちをいっそうはっき

り表わすことができます。

得了，那件事就到此为止吧。 Dé le, nà jiàn shì jiù dào cǐ wéi zhǐ ba.
もういいよ、そのことはこれくらいでやめにしておこう。

得了，得了，你想怎么干就怎么干吧。
Dé le, dé le, nǐ xiǎng zěnme gàn jiù zěnme gàn ba.
もういい、もういい、あんたがやりたいようにやればいいじゃないか。

助動詞のときは děi

"得"は děi と読むと助動詞になり、「～しなければならない」という必要性を表わします。"要"の項でも見たように、「～しなければならない」ことを表わす語には"要""应该"などもありますが、"要"が「自発的な意志としてそうする必要を強く感じ、～しなくてはならない」、"应该"が「道理として誰が考えてもそうすべきだ」であるのに対して、"得 děi"には一般的な意味で義務的に「～しなくてはならない」というニュアンスがあり、また口語的な言い方と言えます。

这个问题我们得立即答复。 Zhège wèntí wǒmen děi lìjí dáfù.
この問題に我々はただちに返答しなければならない。

你去北京的话，你得先通知他。 Nǐ qù Běijīng de huà, nǐ děi xiān tōngzhī tā.
北京へ行くのなら、まず彼に知らせなければならない。

この"得"の否定は"不得"とはならず、"不用/不必（～する必要はない）"が使われます。また、"得"は［主語＋動詞］の前に置かれることもあり、そのこと全体の必要性を表わすこともできるのが特徴です。

这项工作，得你自己去检查一下。
Zhè xiàng gōngzuò, děi nǐ zìjǐ qù jiǎnchá yíxià.
この仕事はあなた自身でチェックしに行かなければならない。

程度・様態補語を作る de

次におなじみの de と軽声で発音される"得"について見ていきましょう。"得 de"は程度・様態補語を作る助詞です。

这几天工作很紧张，我累得要命。
Zhè jǐ tiān gōngzuò hěn jǐnzhāng, wǒ lèide yàomìng.
この数日、仕事がひどく立てこんでいて、おそろしく疲れた。

这附近地铁开通后，交通比以前方便得多。
Zhè fùjìn dìtiě kāitōng hòu, jiāotōng bǐ yǐqián fāngbiàn de duō.
このへんは地下鉄が開通してから以前よりずっと便利になった。

她说英语说得很清楚。 Tā shuō Yīngyǔ shuōde hěn qīngchu.
彼女は英語の話し方がはっきりしている。

老师讲故事讲得孩子们都忘了回家了。
Lǎoshī jiǎng gùshi jiǎngde háizimen dōu wàngle huíjiā le.
先生の話がおもしろくて、子どもたちは家へ帰ることも忘れてしまった。

上の２つはその状態がどの程度なのかを表わす程度補語、下の２つは動詞の表わす動作の行なわれ方がどんなであったかを表わす様態補語の文です。このように、形容詞や動詞とそのさらなる説明の補語部分をつなぐのが"得"の役割と言えるでしょう。

様態補語のある文に目的語がある場合、ふつう"**她说英语说得很清楚。**"のように［主語＋動詞＋目的語］とまず言ってしまい、そのあと動詞をくり返し"得"を続けます。様態補語で"得"のあとに続くのは単純な形容詞とは限らず、"**讲得孩子们都忘了回家了**"のように短い文が来ることもあります。「子どもたちが家に帰るのを忘れるほど、先生の話は人を引きつけるものがあった」ということです。

可能補語はどこで見分ける？

程度・様態補語のほかにもう一つ、可能補語にも"得 de"が使

われますね。

> 你去大阪出差，当天回得来吗？
> Nǐ qù Dàbǎn chūchāi, dāngtiān huídelái ma？
> あなたは大阪へ出張しますが、その日のうちに戻ってこられますか？

> 这本书在日本买得到买不到？
> Zhè běn shū zài Rìběn mǎidedào mǎibudào？
> この本は日本で買うことができますか？

"得"が使われるのは肯定文のときで、否定文のときには"买不到（買おうとしても手に入れることができない）"のように"不"が使われます。可能補語では"不"を使った否定形のほうが肯定形よりずっと多く使われますが、それでも疑問文や「～かもしれない」のような不確かな内容について述べるときには"得"を使った肯定形も登場します。

［動詞＋"得"～］という形だけ見ると、可能補語とも様態補語ともとれますが、迷ったときには否定文や反復疑問文にしてみるといいでしょう。

可能補語

说得清楚
はっきり話すことができる

说不清楚
はっきり話すことができない

说得清楚说不清楚？
はっきり話せるか？

様態補語

说得很清楚
話し方がはっきりしている

说得不清楚
話し方がはっきりしていない

说得清楚不清楚？
話し方がはっきりしているか？

様態補語の場合、否定形や反復疑問の形が"得"のあとで現れるのに対し、可能補語では"得"そのものが"不"に変わってしまうところから判別できます。

第5章 文のかたちを決める大事な語

補語を作らない de もある

"得"には、また動詞のあとについて可能を表わす助詞の"得 de"があり、その否定は"**不得** bude"で、いずれも軽声で発音されます。

这双鞋相当旧，还穿得吗？ Zhè shuāng xié xiāngdāng jiù, hái chuānde ma？
この靴はかなり古いですが、まだ履けますか？

这种蘑菇吃得吃不得？ Zhè zhǒng mógu chīde chībude？
この種類のキノコは食べられますか？

これらの文のように助詞の"得"が表わす可能は、ふつう主語を対象に、「食べられる／食べられない」「履ける／履けない」などの可能・不可能を言うものです。

このほかにも"**觉得**（～と感じる、思う）""**认得**（知っている）""**显得**（～のように見える）""**值得**（～に値する）"など"**得** de"のついた動詞があります。しかしこの"**得**"は動詞を構成する一部なので、可能を表わす助詞の"**得**"とは違うものです。

"得"にはさまざまな意味や用法があり、共通する一つのイメージがあるとは言いがたいようです。動詞なら「取得」や「許可」、助動詞なら「～しなければならない」、助詞ならば「可能」といくつも意味があり、補語を作る働きまであるなんて、とてもやっかいな語と言えるでしょう。文章の中で"得"に出合ったら、どんな働きをしているのか、じっくり観察してみてください。文章の前後に必ずヒントがあるはずです。

コラム

長寿のことば

学而时习之，不亦说乎！
　学びて時にこれを習う、また楽しからずや

三十而立，四十而不惑
　三十にして立つ、四十にして惑わず

　これらは『論語』を読んだことのない人でも、どこかで見たり聞いたりしたことがあるのではないでしょうか。この"而"は"而且（その上）"の"而"です。中国語は、歴史の長いことばなので、どの語もかなりの昔から使われているわけですが、その中でも"而"のように特に寿命の長いものが少なくありません。孔子は春秋時代の人です。紀元前500～400年の人の言ったことが今でもわかるのは脈々と生きてきた漢字のおかげですが、そのころの語が今もふつうに使われているのですから驚きですね。

　"其"も寿命の長い語の一つです。もともと"其"は"他(们)的／她(们)的／它(们)的"の意味で3人称の所有を表わしていました。『矛盾』の中に"又誉其矛曰（またその人の矛を自慢して言った）"とありますが、この"其"は今の中国語で言えば"他的（彼の）"です。さらに"其"は"这个（これ、この）""那个（あれ、あの）"の意味にも使われます。『矛盾』に出てくる商人は、自分の矛が突きとおせないものはなく、自分の盾は何で突いても突きとおせないと言っていたわけですが、「ならばお前の矛でお

前の盾を突いたらどうなるのだ」と問われ、"**其人弗能応也**（その人は答えることができなかった）"となります。『矛盾』も『韓非子』の中の話ですから、これも紀元前の文です。しかし"**其**"は死んではおらず、今でも、やや書きことば的な文の中に現れています。

人尽其能，物尽其用	人や物がその役目を尽くすこと
事无巨细，必有其理	どんなことにも必ずその理がある
其美无比	その美しさは比類がない

"**其次**（その次）" "**其实**（その他）" "**其他**（その他）" "**其中**（その中で）"などの単語の中にも生きていますから、皆さんも見たことがあるでしょう。

中国の人名事典を見ていると、"**生于广东花县**（広東花県に生まれる）"などという文にぶつかります。また新聞記事などにはよく"**国际贸易会议将于五月二十八日举行。**（国際貿易会議は来る5月28日に開催される）"のような文があります。この"**于**"も非常に古くからある語で、時間・場所・動作の対象などを表わし、現在の中国語にするなら"**在**" "**从**" "**对**"などに当たります。"**千里之行，始于足下**（千里の行程も足もとから始まる）"などは今でも使われるフレーズです。"**蜀道之难，难于上青天**（蜀へ行く道は天に上るより険しい）"は四川について述べるときよく言われることで、"**蜀**"というのは四川の別称です。このように"**于**"は、古語では比較文を作るのにも使われていました。「～において」という意味の"**于**"は、"**关于**（～について）" "**至于**（～に至る）" "**由于**（～の理由で）" "**等于**（～に等しい）" "**属于**（～に属する）" "**终于**（ついに）"

など多くの語を作ります。

はじめに挙げた"而"も昔から今に至るまで、順接・逆接・並列・様態・根拠などオールラウンドな働きをしています。"学而时习之"の"而"は「そして」とうしろにつなげるので順接ですが、ほかの"而"も見てみましょう。

心有余而力不足	心には思うことが余るほどあり、気持ちははやるが力が不足している（逆接）
博而不精	広くは知っているが深く理解していない（逆接）
少而精	少数精鋭（並列）
不战而胜	戦わずして勝つ（様態）

このようなフレーズは昔も今も文章に使われています。

このほか、話の風向きが変わることを表わす"却"、「むしろこちらのほうがいい」という意味の"宁"、"湖水如镜（湖面は鏡の如し）"のように「〜のようだ」を表わす"如"など、古参の語はまだまだたくさんあります。

「中国四千年の歴史」というフレーズがよく使われますが、何千年であるかは歴史の先生に研究していただくにしても、かなり膨大な長さの歴史が続いてきたことは間違いありません。その歴史とともに生きてきたのですから、中国語のそれぞれの語の背景には長い長い年月があり、さまざまなことを我々に伝えてくれているのです。私たちは中国語を勉強しているとき、知らず知らず中国の古典も勉強していることになります。気の遠くなるような話ですが、「中国語の森」の果てしない探訪は、まだまだ続きそうです。

第6章

目立たぬところで働く語

中国語にはよく使われるだけでも10近くの語気助詞があり、中には"的"のようにほかの働きを兼ね備えたものもあります。語気助詞は文末に置かれて文全体にある雰囲気をかもし出す、小さいようで大きな存在です。料理の最後にひとつまみの塩やスパイスを入れると、その料理の味が格段によくなるのと似ていますね。
ここでは語気助詞のある文とない文を比べたり、ほかの語気助詞と取りかえたりしながら、語気助詞の働きについて考えてみましょう。

28

的 😊 修飾語をつくる小さなマーク

　中国語を学びはじめると、まもなく出合うのが"**的**"です。"**我的书**（私の本）""**今天的作业**（今日の宿題）""**中国的首都**（中国の首都）"… こうして見ると、「"**的**"は日本語の『の』だ」と納得してしまいそうですが、そう簡単にはいきません。日本語では「1冊の本」「大学の前」と「の」が入っている語句も、中国語にすれば"**一本书**""**大学前边**"となり、"**的**"は要りませんよね。

▼ 名詞を修飾する

　はじめに結論を言ってしまうなら、この日本語の「の」に似ている"**的**"は、「"**的**"の前にあるものが"**的**"のうしろにある名詞を修飾していますよ」というマークのようなものです。ほかの言い方をするならば、「修飾する語句と修飾される語句を結ぶ小さな道具」と言えるでしょう。

　"**的**"の前には、名詞、代名詞、形容詞、動詞、短い文などさまざまなものが来ます。"**嘭的一声**（ばたん、という音）""**日新月异的进步**（日進月歩の進歩）"のように、擬声語や成語が来ることもあります。

　［名詞＋"**的**"］が名詞の前につく形は比較的わかりやすく、「〜の」と訳せるものばかりですが、意味はさまざまです。

李老师的手机 Lǐ lǎoshī de shǒujī	李先生の携帯電話〔所有者〕
丝绸的手绢儿 sīchóu de shǒujuànr	絹のハンカチ〔素材〕
昨天的会议 zuótiān de huìyì	昨日の会議〔時間〕
山上的空气 shān shang de kōngqì	山の空気〔場所〕

もとは修飾語と被修飾語の関係だったものでも"**中国茶**（中国茶）"

"**英语教师**（英語教師）""**法国电影**（フランス映画）"のように熟語になっている場合、"**的**"は省きますが、"**的**"のあるなしで意味が違ってくることもあります。たとえば"**茅台的酒**"ですと「貴州省茅台で作られるお酒」と訳せるでしょうが、"**茅台酒**"なら「マオタイ酒」という商品名です。また"**中国的地图**"なら「中国で発行している（売られている、使われている）地図」のことですが、"**中国地图**"と言えば「中国地図（中国を描いた地図）」のことです。

また、[人称代名詞＋"**的**"]も「〜の」と訳すことができ、"**我的本子**（私のノート）""**他的姐姐**（彼のお姉さん）""**我们的单位**（我々の職場）"のように所有・家族関係・所属などを表わす語句を作ります。"**的**"の前が人称代名詞で、"**的**"のうしろが"**的**"の前に挙げた人間の家族や所属する組織、団体などの場合、"**的**"はよく省略されます。上の３つの中では"**他的姐姐**"と"**我们的单位**"は"**的**"をとって"**他姐姐**""**我们单位**"と言えますが、"**我的本子**"の"**的**"は省くことができません。

形容詞や動詞で修飾する

１音節の形容詞が名詞を修飾するときは、ふつう"**新体制**（新体制）""**旧本**（古本）""**大问题**（大きな問題）"のように"**的**"を入れません。もしも"**的**"を使うなら強調や対比の表現になります。一方、２音節形容詞のあとには、ふつう"**的**"をつけます。

你们应该采取坚决的态度。 Nǐmen yīnggāi cǎiqǔ jiānjué de tàidù.
　あなた方は断固とした態度をとるべきだ。

時にこの"**的**"を省くことがありますが、いつもそうできるわけではありません。

他是个聪明人，不会做那样的蠢事。
　Tā shì ge cōngmíng rén, bú huì zuò nàyàng de chǔnshì.
　彼は利口な人だから、そんな愚かなことをするはずがない。

有脏衣服的话，我给你洗一洗吧。
　　Yǒu zāng yīfu de huà, wǒ gěi nǐ xǐ yi xǐ ba.
　　汚れた服があったら、私が洗ってあげる。

"聪明人"や"脏衣服"のように"的"を省けるのは、その形容詞と名詞が、我々の頭の中で比較的結びつきやすい組み合わせに限られます。たとえばサーカスには「利口なライオン」もいるかもしれませんし、時には地面にこぼして「汚くなってしまった砂糖」というのもありうるでしょう。しかし"聪明狮子""脏白糖"とは言わず、必ず"聪明的狮子""脏的白糖"と言うのです。「利口」と「ライオン」、「汚い」と「砂糖」はそう思い浮かぶ組み合わせではありませんね。

　形容詞が重ね型になり、それが名詞を修飾するときも"的"が必要です。

我从来没看过他的高高兴兴的样子。
　　Wǒ cónglái méi kànguo tā de gāogāoxìngxìng de yàngzi.
　　私は今まで彼の嬉しそうな様子は見たこともない。

我握了握他的那冰凉冰凉的手。
　　Wǒ wòle wò tā de nà bīngliángbīngliáng de shǒu.
　　私は彼の氷のように冷たい手を握った。

さらに"的"は動詞（句）や短い文のあとにもついて、名詞を修飾する語句を作ります。

今天的股票市场，买的人多，卖的人少。
　　Jīntiān de gǔpiào shìchǎng, mǎi de rén duō, mài de rén shǎo.
　　今日の株式市場は買う人が多く売る人が少ない。

开往广州的火车从几号站台开？
　　Kāiwǎng Guǎngzhōu de huǒchē cóng jǐ hào zhàntái kāi?
　　広州行きの汽車は何番ホームから発車しますか。

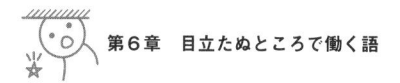

这就是他们最想要知道的事情。
Zhè jiù shì tāmen zuì xiǎng yào zhīdào de shìqing.
これが彼らの最も知りたいことだ。

動詞（句）や短い文と名詞の間の"的"は決して省略してはいけません。意味が通じなくなってしまう上、動詞と名詞がくっついて別の文のようになってしまいます。"买人（人を買う）" "卖人（人を売る）"などとなったら大変なことです。

「大きいの」「小さいの」

日本語でも「私の」「大きいの」「安いの」というように、「の」で止めてあとの名詞を省略することがありますね。同じように中国語も"〜的"のうしろの名詞を省略することができます。

我的茶杯是这个，你的呢？ Wǒ de chábēi shì zhège, nǐ de ne？
私のティーカップはこれです。あなたのは？

我已经有一件黑色的毛衣，今天想要买一件白色的。
Wǒ yǐjīng yǒu yí jiàn hēisè de máoyī, jīntiān xiǎng yào mǎi yí jiàn báisè de.
私はもう黒いセーターは持っていますから、今日は１枚白いのを買いたいです。

她唱的是云南民歌。 Tā chàng de shì Yúnnán míngē.
彼女が歌ったのは雲南地方の民謡です。

"〜的"のうしろの名詞を省略できるのは、うしろに来る名詞が何なのか予想できる場合に限られます。また［形容詞＋"的"］であとの名詞を省略できるのは、その形容詞がどういうことを表わしているのかはっきりわかる場合です。話し手の感じ方を表わしたり、感情のこもった描写を表わす形容詞が使われているときは"〜的"の形では止められません。つまり"大的""便宜的""白的"はよくても、"我非常喜欢的"のうしろは省略できないのです。
［動詞＋"的"］は、名詞的な語句を作ることもできます。

吃的　（食べるもの→）食べもの

穿的　（着るもの→）衣服

用的　（使うもの→）日用品

さらに昔は"**卖油的**（油売り）""**开车的**（運転手）"といった職業を指す言い方もありましたが、これらはその職業の人に対していささか失礼なことばなので、今は使いません。

▼ 述語を作る

次に述語部分に使われる"的"について見てみましょう。"的"は"**冰凉冰凉**（氷のように冷たい）""**黑漆漆**（黒くつやがあり美しい）""**清清楚楚**（はっきりした）"のような重ね型の形容詞について、名詞を修飾する語句を作りましたが、この形で文の述語にもなります。

她的脸雪白雪白的。 Tā de liǎn xuěbáixuěbái de.
　彼女の顔は雪のように白い。

他的儿子胖乎乎的，很可爱。 Tā de érzi pànghūhū de, hěn kě'ài.
　彼の子どもはよく太っていて可愛らしい。

▼ 文末につく

今まで述べてきたのは「～の」に当たる"的"でしたが、もう一つ語気助詞の"的"があり、文の最後について言い切ったり、事実を確認したりする働きをします。"是。"だけなら「そうです」となりますが、"是的。"とすると「そうなのです」と語調が変わるのです。次の文を日本語に訳してみてください。

① **放心吧，你的病会好的。**
　　　Fàngxīn ba, nǐ de bìng huì hǎo de.

② **别担心，你丢的帽子一定会找到的。**
　　　Bié dānxīn, nǐ diū de màozi yídìng huì zhǎodào de.

いかがでしょうか。"的"のニュアンスを生かせば、次のように訳せますね。

①安心してください。あなたの病気はきっとよくなりますから。
②心配しないで、あなたのなくした帽子は必ず見つかるはずです。

このように、語気助詞の"的"には断定したり肯定する意志を表わしたりする働きがあるので、"**一定**（必ず）"や"**会**（きっと～なはずだ）"などの語とよく一緒に使われます。"是"のところで挙げた［是～的］の"的"も、この語気助詞の働きをしているのです。

このほかに、"**帮忙**（手伝う、助ける）""**生气**（腹を立てる）"のように［動詞＋名詞］で構成される離合詞の中にも、"**的**"が現れることがあります。たとえば「彼女を手伝う」なら"**帮她的忙**"になります。「彼女を手伝う」ということは、「彼女の忙しさを手伝って減らしてやる」ことだからです。

これだけ多様な"的"の働きを頭に入れたら、もう"的"を見て機械的に「の」と訳したりすることはないでしょう。

29 吧 やわらかく同意を求める

　中国語の語気助詞の中でも、初級テキストによく登場するのが"吧"です。この"吧"が文末に置かれると、文にどんな効果が現れるのか見てみましょう。

同意を求める

　語気助詞の"吧"の基本的な働きは相手に同意を求めることで、「そうじゃないですか」「そうは思いませんか」という雰囲気を文に添えます。「相手に同意を求める」と言っても、「そうは思わないか」と強めの態度で相手に賛同や肯定を求める場合もあれば、「私はそう思うのですが、あなたはそうは思わないのでしょうか」とやわらかく相手の考えを聞く場合もあります。そんなところから、"吧"のついた文にもさまざまな語気の違いがあるのです。

你也是学历史的研究生吧？ Nǐ yě shì xué lìshǐ de yánjiūshēng ba?
　あなたも歴史を勉強している大学院生でしょ。

现在曼谷很热吧。 Xiànzài Màngǔ hěn rè ba.
　今、バンコクは暑いでしょうね。

你不会不知道这件事吧。 Nǐ bú huì bù zhīdào zhè jiàn shì ba.
　あなたはこのことを知らないはずはないでしょう。

这对你来说是个难得的机会吧。 Zhè duì nǐ lái shuō shì ge nándé de jīhuì ba.
　これはあなたにとって、めったにないチャンスでしょう。

最初の文の話し手は「相手も歴史を勉強している大学院生だろう」と思っており、次の文の話し手は「今バンコクは暑いだろう」と思っています。そして相手もそれに同意してくれるだろうと予想しているのです。このような文の"吧"を"吗"に換えると、「大学院生

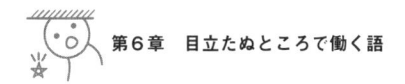

ですか」「暑いですか」という、「はい／いいえ」の答えを求める疑問文になります。下の2つは推量の文で、これらの文の"吧"を"吗"にすると少し不自然です。"吧"を取ることはできますが、そうすると単に話し手が自分の考えを述べる文になります。"吧"がついたことで「私はそう思いますが、あなたはそう思わないでしょうか」というニュアンスが加わるのです。"**不会不知道这件事吧。**"のように"**不会**"を使った文は語気がさらに強く、「そうじゃないのか」と相手に確認させようとしています。

命令したり、お願いしたり

"吧"は命令、お願い、誘いなどの文でもよく使われます。

趁热吃吧！菜快冷了。 Chèn rè chī ba！Cài kuài lěng le.
熱いうちに食べなさいよ。料理が冷めてしまうから。

请相信我说的话吧。 Qǐng xiāngxìn wǒ shuō de huà ba.
私の話を信じてくださいよ。

请让我做自我介绍吧。 Qǐng ràng wǒ zuò zìwǒ jièshào ba.
私に自己紹介をさせてください。

中国語では、命令・お願い・誘い・勧めというのはまったく別のものではありません。"看！"と言えば「見ろ！」「見て！」という命令的な言い方になりますが、これをやわらかい口調で言えばお願いともとれます。"**请看一下。**（ちょっと見てください）"のように"**请**"をつけると、よりお願いらしくなるでしょう。そしていずれの場合も"**看吧！**""**请看一下吧。**"と文末に"吧"をつけると、語気がさらにやわらかくなります。それも"吧"が「いいでしょう？」と相手に同意を求める語気を表わすからです。

行，就这样吧。 Xíng, jiù zhèyàng ba.
結構です。ではそういうことで。

好吧，咱们从明天开始工作。
Hǎo ba, zánmen cóng míngtiān kāishǐ gōngzuò.
いいでしょう。明日から作業を開始しましょう。

これらの文も「それでいいのではないでしょうか」と相手に尋ねるニュアンスを持たせながら、同意していることを表わしています。それと同時に、話をここで切り上げよう、という語気もあります。

例を挙げたり、仮定したり

"吧"は例を挙げたり、仮定を表わしたりするときにも使われます。

比如去旅行吧，她想尽量多看一些名胜古迹，我想要逍遥自在地享受快活的时光。
Bǐrú qù lǚxíng ba, tā xiǎng jǐnliàng duō kàn yìxiē míngshèng gǔjì, wǒ xiǎng yào xiāoyáo zìzài de xiǎngshòu kuàihuó de shíguāng.
たとえば旅行に行くとすると、彼女はできるだけ多く名所旧跡を見たがり、私はゆったりとした時間を過ごしたいと思う。

中国的方言来说吧，双方听起来像外语那样，互相听不懂。
Zhōngguó de fāngyán lái shuō ba, shuāngfāng tīngqǐlai xiàng wàiyǔ nàyàng, hùxiāng tīngbudǒng.
中国の方言について言うなら、お互いに聞いても外国語のようでわからない。

また、仮定の一種ですが、「たとえAであっても～だし、Bであっても…だ」と、どっちになっても大変だということを表わす文でも"吧"が使われます。

这么好的公寓，买吧，得花很多钱；不买吧，将来不一定能找到更好的房地产。
Zhème hǎo de gōngyù, mǎi ba, děi huā hěn duō qián; bù mǎi ba, jiānglái bù yídìng néng zhǎodào gèng hǎo de fángdìchǎn.
こんないいマンションは買うなら買うで多額なお金が必要だし、買わないなら買わないで、将来もっといい物件が見つかるとは限らない。

さらにもう一つ、「どうでもいい」という少々投げやりな文を作る"吧"もあります。「そうしたいなら、そうすれば」という語気が感じられますね。

不听就不听吧，我以后决不劝你了。
Bù tīng jiù bù tīng ba, wǒ yǐhòu juébù quàn nǐ le.
聞かないなら聞かないでいい。私は今後決してあなたに忠告なんてしないから。

要买就买吧，反正是用你的钱买。
Yào mǎi jiù mǎi ba, fǎnzhèng shì yòng nǐ de qián mǎi.
買いたいなら買えば。どっちみち自分のお金で買うのですから。

文末以外で働く bā

最後に、第一声で発音される"吧 bā"も紹介しておきましょう。こちらは"**吧的一声,桌子上的词典掉在下边了。**（パタンと音がして、テーブルの上の辞典が下に落ちた）"や"**他吧了一口烟。**（彼はタバコをスパーッと吸った）"のように擬声語、擬態語として使われたり、"**酒吧**（バー）"のような外来語の「バー」という語の音訳に使われたりします。さらに"**网吧**"なら「インターネットカフェ」、"**书吧**"は「ブックカフェ」ですから、"**吧**（バー）"といっても必ずしもお酒を飲む場所というわけではありません。

相手にやわらかく同意を求めることから、「勝手にしたら？」と突き放すことまで、語気助詞"吧"の働きは本当に多彩ですが、いずれにしても相手にことばを投げかける、コミュニケーションには欠かせない語と言えるでしょう。

30 呢 語調をやわらげ相手に委ねる

　目立たないようで、よく見るとさまざまな文のおしまいについているのが語気助詞の"呢"です。"呢"が文にどんなニュアンスをプラスするのか、ちょっと観察してみましょう。

語調をやわらげる

你找谁呢？ Nǐ zhǎo shéi ne?
あなたは誰を捜しているのですか。／あなたは誰を訪ねてきたのですか。

我的手机在哪儿呢？ Wǒ de shǒujī zài nǎr ne?
私の携帯はどこだろう。

这么简单的字，你怎么写错了呢？
Zhème jiǎndān de zì, nǐ zěnme xiěcuò le ne?
こんな簡単な字を、あなたはどうして書き間違えたのですか。

"呢"は上のような疑問詞疑問文の文末によくつけられます。どの文も"呢"がなくても文は成り立ちますが、"呢"をつけることによって文の語調がおだやかになります。"呢"をつけるのと、つけないのと、声に出して読み比べてみてください。"呢"をつけると、事実をずばりと聞く直接的な感じがやわらぐはずです。
　では、次の文はどうでしょうか。

哪儿有这么有意思的工作呢？ Nǎr yǒu zhème yǒu yìsi de gōngzuò ne?
どこにこんなおもしろい仕事があるだろうか。

现在后悔有什么用呢？ Xiànzài hòuhuǐ yǒu shénme yòng ne?
今になって後悔して何になるのだ。

これらは疑問文ではなく反語の文です。反語は本来「どうして～で

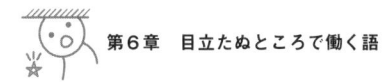

あろうか、いや決してそんなことはない」という強い表現ですが、これも"呢"によって語調がやわらかくなります。

这个角色到底是他做呢，还是你做呢？
Zhège juésè dàodǐ shì tā zuò ne, háishi nǐ zuò ne?
この役は結局彼がやるの、それともあなたがやるの？

这个电影，你想不想看呢？ Zhège diànyǐng, nǐ xiǎng bu xiǎng kàn ne?
この映画をあなたは見たいの？

"呢"はこのような選択疑問文や反復疑問文にも使われます。語調をおだやかにする"呢"があることによって、「答えを要求する」というニュアンスが少々弱まり、「相手の意見を聞く」というニュアンスが加わります。

疑問文を作る

"呢"にはもう一つ疑問文を作る働きがあります。日本語でも「私のコーヒーは？」のように、名詞に助詞「は」をつけるだけの疑問文がありますが、これと同じような疑問文が［名詞＋"呢"？］なのです。

你的自行车呢？ Nǐ de zìxíngchē ne?
あなたの自転車は？

大家都打算回老家去，你呢？ Dàjiā dōu dǎsuàn huí lǎojiā qù, nǐ ne?
みんな故郷に帰るつもりだけど、あなたは？

我已经点了几种菜。Wǒ yǐjīng diǎnle jǐ zhǒng cài.——啤酒呢？ Píjiǔ ne?
私はもういくつかの料理を注文しましたよ。——ビールは？

今年暑假我要去上海、苏州和南京。
Jīnnián shǔjià wǒ yào qù Shànghǎi、Sūzhōu hé Nánjīng.
——杭州呢？ Hángzhōu ne?
今年の夏休みは上海と蘇州と南京に行くつもりです。——杭州は？

最初の文のように突然この文が出てきたときは、"你的自行车在哪儿？（あなたの自転車はどこにありますか）"のように人や物のありかを聞いていることが多いのですが、ふつうは前後に述べられていることから考えると、［名詞＋"呢"］の尋ねている具体的な内容がわかります。

強調を表わす

また、強調を表わす文の文末にも"呢"が使われることがあり、このときは"可"もよく登場して［"可"＋形容詞＋"呢"］となります。

他朗诵诗词的时候，声音可好听呢。
Tā lǎngsòng shīcí de shíhou, shēngyīn kě hǎotīng ne.
彼が詩を朗詠するとき、声がなんとも美しい。

新疆可大呢！ Xīnjiāng kě dà ne !
新疆はなんて大きいんだ！

これらの文には話し手の感情が込められており、ややオーバーに「すごいなあ、そう思わないか」と相手に投げかけているのです。ここで"呢"は強調の働きをしていると言えます。さらに"才"や"还"のある文の文末について、強調の働きをすることもあります。

我包饺子包得不好，你包得才好呢。
Wǒ bāo jiǎozi bāode bù hǎo, nǐ bāode cái hǎo ne.
私は餃子を作るのはうまくない、あなたのほうが上手ですよ。

这么好吃的中国菜，我还从来没吃过呢。
Zhème hǎochī de Zhōngguócài, wǒ hái cónglái méi chīguo ne.
こんなおいしい中国料理を、私は今まで食べたことがない。

主題を提示する

"北京冬天非常冷。（北京は、冬はとても寒い）"この文は、述語部

分"冬天非常冷"がさらに［主語＋述語］となっている主述述語文ですが、口語では、最初の主語のうしろに"呢"を入れることもできます。そうすると、"北京呢（北京はね）"と、一旦区切って語りかけるような調子になります。"呢"はこのように名詞（句）のあとについて、文を一旦停止するフレーズを作り、「～はと言うと」という意味になって例を挙げたり、対比したり、話し手の考えを挿入したりするのにも使われるのです。

听说他准备参加竞选，我呢，一点儿也没想过。
Tīngshuō tā zhǔnbèi cānjiā jìngxuǎn, wǒ ne, yìdiǎnr yě méi xiǎngguo.
聞くところによると、彼は選挙に立候補するつもりらしいですよ。私ですか、少しも考えたことがありません。

如今呢，在日本几乎没有每天穿着和服的人吧。
Rújīn ne, zài Rìběn jīhū méi yǒu měitiān chuānzhe héfú de rén ba.
今はね、毎日和服を着ている人は日本にはほとんどいないでしょうね。

他老是说得那么好，其实呢，他的生活没那么好。
Tā lǎoshi shuōde nàme hǎo, qíshí ne, tā de shēnghuó méi nàme hǎo.
彼はいつもいいことばかり言っているが、じつは彼の生活はそううまくはいっていない。

这笔生意乍一看能赚大钱，实际上呢，需要很多经费，无利可赚。
Zhè bǐ shēngyì zhà yí kàn néng zhuàn dàqián, shíjì shang ne, xūyào hěn duō jīngfèi, wúlì kě zhuàn.
この商売は一見大いにもうかりそうだが、実際には経費もかかり、そうもうからない。

"呢"は仮定条件を表わす文のあとにもつくことがあり、「仮にそうだとしますよ、そうするとどうなるでしょうね」と相手に問いかけるニュアンスを出します。

他要是今天不来呢，我们怎么开会？
Tā yàoshi jīntiān bù lái ne, wǒmen zěnme kāihuì?
彼が仮に今日来ないとしましょう、そうしたら会議はどうしましょうか。

你如果没有钱呢，就自己打点儿工吧。
Nǐ rúguǒ méi yǒu qián ne, jiù zìjǐ dǎ diǎnr gōng ba.
あなたにもしお金がないのなら、自分で少しアルバイトをしなさい。

継続や進行を表わす

さらに"呢"は、"着"を用いた状態の継続を表わす文や"在／正在／正"を用いた動作の進行を表わす文と相性がよく、これらの文の文末にもよく置かれます。

他正在睡觉呢，不要吵醒他。
Tā zhèngzài shuìjiào ne, bú yào chǎoxǐng tā.
彼はちょうど眠っているところなので、起こさないでください。

我去他家的时候，他在打电话呢。
Wǒ qù tā jiā de shíhou, tā zài dǎ diànhuà ne.
私が彼の家に行ったとき、彼は電話をかけているところだった。

墙上挂着什么呢？ Qiáng shang guàzhe shénme ne ?
——挂着一张全家福呢。 Guàzhe yì zhāng quánjiāfú ne.
壁に何がかかっていますか。——家族の集合写真がかかっています。

书房的窗户开着呢吗？ Shūfáng de chuānghu kāizhe ne ma ?
書斎の窓は開いていますか。

このように"呢"は文末でさまざまなニュアンスを醸し出します。"呢"がつくと文になんとも言えないやわらかさが生まれるため、会話の潤滑油のような役目を果たしている語だと言えそうです。

コラム

文末で働く仲間たち

"吧"にしても"呢"にしても、文のおしまいにつく小さな存在のように見えますが、じつはそれ一つで文の雰囲気を決めてしまうのですから、なかなかあなどれない存在ですよね。そんな語気助詞の中でも特に味のあるのが"嘛 ma"です。感情豊かな語気助詞なので、よく映画や小説の中で見かけます。

下课以后一起去看电影，好不好？
Xiàkè yǐhòu yìqǐ qù kàn diànyǐng, hǎo bu hǎo?
授業のあと一緒に映画を見に行かない？

——**不行，明天有考试嘛。** Bù xíng, míngtiān yǒu kǎoshì ma.
だめだよ、明日は試験があるじゃないか。

谢谢你的帮助。 Xièxie nǐ de bāngzhù.
手伝ってくれてありがとう。

——**你说什么，我们是朋友嘛。**
Nǐ shuō shénme, wǒmen shì péngyou ma.
何を言っているんだ、我々は友だちじゃないか。

これらの文で"**明天有考试吧。**""**我们是朋友吧。**"と"吧"を使うと、「明日は試験があるだろ」「我々は友だちだろ」と相手に同意を求める文になります。ところが"嘛"だと「そんなこと、ちょっと考えればわかるじゃないか。なんでわからないんだ」という相手を少々なじるような語気が

加わるのです。この語気は"吧"にはありません。

他本来不愿意跟我们工作嘛。
　　Tā běnlái bú yuànyì gēn wǒmen gōngzuò ma.
　　彼はもともと我々と仕事をしたがっていなかったじゃないか。

要是你不相信我的话，你自己去问他嘛。
　　Yàoshi nǐ bù xiāngxìn wǒ de huà, nǐ zìjǐ qù wèn tā ma.
　　私の言うことを信じないのなら、自分で行って彼に聞けばいいだろ。

「なんでわからないんだ」という語気から、下の文のように相手を突き放すような文にも使われます。
　この"嘛"に似た語気助詞に"呗 bei"があります。やはり「そんなこと考えればわかるじゃないか」という語気を表わすのですが、"嘛"よりぞんざいな感じがする上、「そんなこと言うにも及ばない」と話し手がうんざりしている語気も出します。

谁还没来？ Shéi hái méi lái?
　　誰がまだ来ていないんだ。

——又是小黄呗。 Yòu shì Xiǎo Huáng bei.
　　また黄さんだろ。

小李怎么这么晚还没来？ Xiǎo Lǐ zěnme zhème wǎn hái méi lái?
　　李さんはなんでこんなに遅くなっても来ないんだ。

——准是忘了呗。 Zhǔn shì wàng le bei.
　　きっと忘れたんだろ。

ただ、微妙なニュアンスはなかなかわからないものなので、外国人としては慎重に使う必要がありそうですね。

文法用語索引

あ
受身　59, 60

か
重ね型（形容詞）　184
重ね型（動詞）　17
可能補語　33, 55, 65, 136, 156, 163, 170-171, 175-176
間接目的語　56
感嘆文　45, 50
疑問詞　82-83, 88, 90
疑問詞疑問文　192
形容詞述語文　11, 80
結果補語　27-28, 33-34, 35, 43-44, 48, 54, 59, 63-64, 67, 146, 150, 162-163, 170, 172
兼語文　20-22, 138, 165
語気助詞　29, 42, 50, 132, 164, 166, 168, 182-196

さ
使役　58
修飾（語）　21, 41, 46, 52, 74, 149, 166, 182-184
主述述語文　195
助詞　33, 48, 60, 152, 156-157, 158, 161, 164, 175, 177
　→語気助詞／動態助詞
助動詞　30-31, 70, 126-142
数詞　22, 50-51, 147
接続詞　74, 83, 106, 113, 138, 142
選択疑問文　193
前置詞　26, 28, 32, 58-59, 62, 69-70, 75-76, 160
存現文　159-160

た
多音字　72
単文　21
直接目的語　56
程度副詞　17, 46
程度補語　48, 169, 175
動詞述語文　80
動態助詞　164, 166

な
人称代名詞　183

は
反語　103, 109, 192
反復疑問文　30, 176, 193
被修飾語　182
副詞　10, 14, 28, 30, 45, 47, 70, 80-121, 129, 132, 140, 150, 157, 158
　→程度副詞
方向補語　33-34, 35, 42, 150, 154-155

ま
命令　140, 189

や
様態補語　43-44, 67, 97, 150, 175-176

ら
離合詞　165-166, 187
量詞　51, 70-71, 99, 146
連動文　20-22, 31, 62, 165

中国語
"把bǎ"（構文）　27, 31, 56, 60, 146-150
"是shì～的de"　13, 31, 187

著者紹介
永倉百合子(ながくら ゆりこ)
　1952年生まれ。東京外国語大学外国語学部中国語学科卒業。
現在、中央大学、上智大学、大東文化大学講師。
主要著書:
『日本語から考える!　中国語の表現』(白水社)
『基本チェック中国語の文法』(語研)
『今日からはじめる中国語』(語研)
『本当に力がつく中国語の学び方』(語研)

30語で中国語の語感を身につける!

　　　　　　　　　　　　　　　　　　　2012年10月10日　印刷
　　　　　　　　　　　　　　　　　　　2012年10月30日　発行

　　　　　　　著　者　©　永　倉　百　合　子
　　　　　　　発行者　　　及　川　直　志
　　　　　　　印刷所　　　倉敷印刷株式会社

　　　　101-0052東京都千代田区神田小川町3の24
発行所　電話 03-3291-7811(営業部),7821(編集部)　　株式会社 白水社
　　　　http://www.hakusuisha.co.jp
　　　　乱丁・落丁本は送料小社負担にてお取り替えいたします.

振替 00190-5-33228　　　Printed in Japan　　　　　　加瀬製本

ISBN978-4-560-08612-4

　R〈日本複製権センター委託出版物〉
　本書の全部または一部を無断で複写複製(コピー)することは、著作権法上での
　例外を除き、禁じられています。本書からの複写を希望される場合は、日本複製権
　センター(03-3401-2382)にご連絡ください。

　▷本書のスキャン、デジタル化等の無断複製は著作権法上での例外を
　除き禁じられています。本書を代行業者等の第三者に依頼してスキャ
　ンやデジタル化することはたとえ個人や家庭内での利用であっても著
　作権法上認められていません。